张信刚文化与经济讲座

Tea and Coffee by H. K. Chang

张信刚/著

图书在版编目（CIP）数据

茶与咖啡：张信刚文化与经济讲座/张信刚著．—北京：北京大学出版社，2011.4
ISBN 978-7-301-18580-3

Ⅰ.①茶… Ⅱ.①张… Ⅲ.①社会科学 — 文集 Ⅳ.①C53

中国版本图书馆CIP数据核字（2011）第028043号

书　　名：	茶与咖啡——张信刚文化与经济讲座
著作责任者：	张信刚 著
责 任 编 辑：	贾米娜
标 准 书 号：	ISBN 978-7-301-18580-3/F·2723
出版发行：	北京大学出版社
地　　　址：	北京市海淀区成府路205号 100871
网　　　址：	http://www.pup.cn
电　　　话：	邮购部 62752015　发行部 62750672　编辑部 62752926 出版部 62754962
电 子 邮 箱：	em@pup.cn
印 　刷 　者：	北京大学印刷厂
经 　销 　者：	新华书店
	730毫米×1020毫米　16开本　10印张　131千字
	2011年4月第1版　2011年9月第2次印刷
定　　价：	39.00 元

未经许可，不得以任何方式复制或抄袭本书之部分或全部内容。
版权所有，侵权必究　举报电话：010-62752024
　　　　　　　　　　　电子信箱：fd@pup.pku.edu.cn

序

假设这个世界上每个国家的国民的智商分布都一样,那么中国作为人口最多的国家,应该有最多的天才和富有创造力的人。中国的人口占世界总人口的20%,特别聪明的人也应该占世界的20%,这意味着中华民族应该有更多的发明和创新。但事实并非如此。在近代和当代史上,中国的重大发明和创新并不多,与人口规模很不成比例。这是中国社会发展的一个"谜"。

究其原因,高等教育体系可能有责任。高等教育有两个功能:一是创造知识,二是传播知识。学校不仅要让学生学到人类已有的知识,更应该培养学生的创造能力,让他们具有更强的创新精神。而影响高校发挥功能的,首先是教师的职业素养,其次是课程体系的设计,最后是整个社会的制度文化环境。

中国的学生普遍从一开始就缺乏人文教育、通识教育,学习的目的似乎就是应付考试,拿到毕业证书。我们衡量一个学生好不好,就看考试的分数;我们推行标准答案式的教学,而不是思考或者批判式的教学;我们的教育体系总是告诉学生,所有问题都有一个唯一正确的标准答案。所有这些,导致中国学生的应试能力很强,创造能力较弱。

如何培养具有创新能力的人?这需要对我们的整个体制包括教育体制做大的变革。在我任院长期间,光华管理学院希望走一条不同的路。我们鼓励知识的融合、教师的跨学科合作,力图让学生获得更多的人文知识,包括历史、文化、文学、艺术方面的素养,特别是对各国的发展历史有更多的了解,这就是本书的前身——光华管理学院举办的"文化与经济讲座"的初衷。

这个讲座的主讲人很特别。一般来说,讲文化和经济的应该是文化学者或经济学家,但张信刚教授却是一位传统意义上的科学家。他是世界知名的生物医学工程专家，在科学研究和管理工作之余，萌生人文、社科方面的兴趣，在过去若干年走遍全球，出版了几部人文、社科著作，可以说是跨学科融合与创新的典范。

他对中国最重要的影响是他参与创建了香港科技大学，并且担任了它的工学院的首任院长，另外他还在香港城市大学当了11年的校长。我们都知道，香港的大学选任校长与我们内地不太一样，不是由党组织任命，而是要在全世界遴选，有秘密的遴选委员会，每一个候选人都要接受严格的面试，最后才能确认。因此，他能够当选校长就说明他是非常有竞争力的。在他的领导下香港城市大学取得了飞速的发展。

他在学术上的影响，可以从他获得过的头衔中窥见一斑，他当过美国生物医学学会的会长，也是英国皇家工程院的外籍院士，还是国际欧亚科学院的院士，现在是北京大学叶氏鲁迅讲席教授。他也是全国第十届、第十一届政协委员，曾获得过香港特区政府颁发的"金紫荆勋章"，也获得过法国政府颁发的"法国国家荣誉军团骑士勋章"及"法国国家学术棕榈司令勋章"，等等。

张信刚教授一直非常关心光华管理学院的成长，这个系列讲座是我们经过多次沟通以后才确定下来的，因为他非常忙，经常在世界各地讲学，他能够在百忙中做这些讲座，是同学们从一个崭新的角度思索文化与经济问题的良好契机。

张信刚教授的讲座非常精彩，令人耳目一新。比如，通过"从万户飞天到嫦娥奔月——谈培养创新人才与建设创新文化"这个讲座，他为我们描述了一幅世界的创新史，包括艺术的、科学的、人文的，甚至金融市场的创新。他也给我们解释了创新的过程和影响创新的一些因素。由此我在想，创新其实是一个正反馈的系统，或者也可以说它是一个收益递增的系统，这个系统非常有意思，一个人的创新会带来更多的创新。张信刚教授的演讲使我们反思，一个人怎样成为一个更具创新力、创新精神的人，作为一个大学、学院，怎么能够使我们的学生未来更具创新力，我们这个国家更具创新力？确实有很多问题值得思考。

再比如，对于人类文明的起源我完全是个外行，但是张信刚教授"亚欧大陆上的文明发展与文化交流"这个讲座却给了我深刻启发，使我产生了丰富的联想。这个讲座中讲到了几大文明之间的交流，由此我想经济发展与文明交流的相互依赖。可以说，现代文明是不同文明交流的产物。经济学的"内生增长理论"认为，人类的创新活动是报酬递增的，很简单的道理，只有你一个人用电话，成本就会很高，也没有什么价值，用电话的人越多，成本越低，对每个人的价值越大。技术和知识、文明都是属于非竞争性的，也就是说我用的你也可以用。这样就形成了一个很有意思的现象，人类的交往范围越大，进步就越快。十几年前有一个叫克雷默的经济学家做了一个很有趣的研究，按照我刚才讲的"内生增长理论"，财富的增长与人口的规模有很大关系。人类到一万年前已经遍布全球所有适合人类居住的地方，新石器时代全球各地的文明程度都差不多。但一万年前极地冰盖的融化将世界分割成彼此不能交往的不同世界。他发现，到哥伦布发现美洲的时候，不同世界的人口规模和文明程度有很大的差距，亚欧大陆是最发达的，其次是美洲，再次是澳洲。为什么文明都在亚欧大陆地区最发达？主要是因为这里的人口规模大，不同文明之间的交流比较容易。古时候有很多小的文明，只不过后来越来越封闭，最后灭亡了。所以开放非常非常重要，其实人类自存在以来就是一个全球化的过程，只不过现在速度越来越快了，我相信现在的全球化对人类的文明是一件好事，因为未来地球上的每一个人都可以分享世界上任何一个地方所创造的知识成果。希望读者多多了解一些这方面的知识。

张信刚教授是用脚步探讨、解答文化问题的。我听了"丝绸与皮革"的讲座以后也有很多的感想。人类历史的演进非常有意思，放在整个社会来讲，最后达到的结果可能和最初想的并不一样。可能丝绸有一定的偶然性，这个偶然的演进就是人类东西方交汇的历史，有助于从丝绸，特别是"丝绸之路"、丝绸的贸易，导致人类很多的进步和文明的发源。一个民族的进步，与引进外来的东西有关。丝绸是中国的，但是意大利人的技术比我们高明，我倒觉得这是好消息，这才证明丝绸产业真是发展起来了。意大利人可以在丝绸上面比中国好，那说明中国也可以在其他方面做得更好。只有不断超越，这个世界才能进步。"丝绸与皮革"讲座中还多次提到知识产权保护，在古代的社会没有知识产权保护，没有专利可以交易，在这种情况下，传播知识唯一的方法就和藏在头发里的蚕种一样，所以人类文明的传播非常缓慢。现代社会有法律，知识产权都可以交易，所以技术传播的速度非常快。如果那时候有知识产权可以交易，那么其他国家交专利费就可以了，人类的进步就会快得多。

概而言之，张信刚教授在非常短的几次讲座的时间内，为我们描绘了一幅世界科技与文化交融的画卷，展现了人类文明发展与创新的精彩，对中华民族文化的传承与重建提出了深刻的见解。

听张信刚教授的讲座，每次都有很大的收获，所以我愿意推荐给更多的读者。这是读者从一个科学家出身的人文学者的角度学习知识的机会，非常难得。希望它能引导我们读更多的书、掌握更多的知识、开启更深的思考。

2011年3月3日于北京大学光华管理学院

目录

- **茶与咖啡** /1
  - 茶的源起与传播 /2
  - 咖啡的源起与传播 /10
  - 喝咖啡与饮茶和社会、文化、政治的关系 /13

- **丝绸与皮革** /23
  - 绣衣雕鞍意气豪 /25
  - 丝绸与中国文化 /27
  - 知识产权的外传 /28
  - 丝绸之路 /31
  - 绢马贸易 /35
  - 丝绸和奢侈品的生产 /39

- **纸与硅片** /45
  - 从活字版到万维网 /46
    - 文字——时间长河里的信息 /48
  - 信息革命 /50
    - 第一次信息革命:"多快好省" /50
    - 第二次信息革命:"永不消逝的电波" /54
    - 第三次信息革命:微观世界的巨礼 /56

数字生态系统——电信、资讯、娱乐、教育相遇在硅片上 / 59

网络世界——且看今日之域中，竟是谁家天下？ / 60

- **亚欧大陆上的文明发展与文化交流** /69

  古代的四大文明 / 74

  　美索不达米亚文明 / 75

  　尼罗河流域文明 / 76

  　印度河流域文明 / 76

  　黄河流域文明 / 78

  研究文明与历史的方法——"张氏流体力学"解析 / 79

  文明的特质 / 81

  　文明的多样性 / 82

  　文明的互动性 / 83

  　文明的延续性 / 85

  宗教传播 / 87

  文字传播 / 87

  全球化时代的文明交流 / 89

● 从万户飞天到嫦娥奔月
　　——谈培养创新人才与建设创新文化 /93

　　我的启蒙时期 / 94
　　创新——跳出框框思考 / 95
　　创新人才 / 98
　　创新的过程 / 100
　　创新的结果 / 102
　　创新与经济成长 / 103
　　创新人才的培养 / 105
　　建设创新文化 / 108

● 创造、传统与革新
　　——我看科技与文化的发展 /119

　　天地玄黄，宇宙洪荒 / 120
　　传统固本，革新图强 / 121
　　心怀中土，目及八方 / 129
　　科技可求，文化难仿 / 134
　　社会有序，短笛无腔 / 136

茶与咖啡

- 茶的源起与传播
- 咖啡的源起与传播
- 喝咖啡与饮茶和社会、文化、政治的关系

> **内容提要**
>
> 茶与咖啡，看起来很普通的两样东西，却与经济、文化、政治等息息相关。茶起源于巴蜀一带，与禅宗结合在一起而盛行起来。从东、西、南、北各条路线，茶的饮用传播到世界各地。咖啡起源于埃塞俄比亚，然后经阿拉伯半岛传播到中东、欧洲等地。今天的茶与咖啡都属于大规模的商业化运作，但是在全球范围内茶文化、茶经济和咖啡文化、咖啡经济相比则有逊色，值得人们深入思考。

非常感谢各位同学来听这场讲座。今天我讲的题目是"茶与咖啡"，所以我特别要求主办方给每一位来的同学提供一杯茶或者一杯咖啡。由于没有事先宣布，所以相信你们都不是为了一杯免费的茶或咖啡而来的。

茶的源起与传播

谈起茶，大家一定会先想到唐朝的陆羽和他写的《茶经》；把茶作为一种文化现象而不仅仅是作为一种生活需要，是从陆羽开始的。《茶经》有三卷十部分，约七千字。清朝编写《四库全书》的时候，不知道把它归为哪一类，跟《天工开物》、《本草纲目》有点类似。比如他讲到茶的起源、形状、功用、名称、品质；

采茶制茶的用具,如采茶篮、蒸茶灶、焙茶棚等也都说得仔仔细细;还论述过茶的种类和采制方法,就涉及农业了;此外还有煮茶、饮茶的器皿,等等。今人说茶没有不提及陆羽的。

唐 鎏金鸿雁云纹银茶碾子

我想先讲讲茶的饮用和茶作为一种文化现象。大家知道开门七件事——柴米油盐酱醋茶。一个女孩看上了一个男孩,但是她的心上人又不来找她,她就会"茶饭不思",茶跟饭放在了一起。有客人来了,主人说我只能请你吃一点"粗茶淡饭",茶跟饭又在一起了。小时候我常听到一句俗语:"家有万贯也不吃茶水泡饭",为什么?因为茶水泡饭特别香,香就吃得多,吃得多就会把家里吃穷了,所以即使有万贯家财也不能用茶水泡饭。

《茶经》里讲道:"茶者,南方之嘉木也,一尺二尺,乃至数十尺。其巴山峡川有两人合抱者,伐而掇之,其树如瓜芦,叶如栀子,花如白蔷薇,实如栟榈,蒂如丁香,根如胡桃。"可以认为茶起源于巴蜀地区。茶其实是一种灌木,人们把它的叶子进行各种各样的处理制作后再饮用。秦人来到巴蜀后,慢慢地把茶传到各地,它才逐渐流行起来。马王堆的古墓里都能找到茶的遗迹。早期,茶叶煮了之后直接当汤来喝，不经过焙烤等处理。后来做成茶饼，磨碎了冲水。到了唐以后，茶由南方传到北方，茶大兴，才有了陆羽的《茶经》；有了《茶经》，更多的人才认识并且喜欢上了喝茶。

茶兴盛起来之后，因为是一种经济活动，政府就要出来管束一下，就有了茶政——政府来监督茶的买卖。当然随之有了茶税。唐朝需要马，于是开始了茶马贸易，后来吐蕃强大，威胁到中原政权，中原限制茶的出口，所以出现了云南的茶马古道。

白居易的《琵琶行》里有一句："商人重利轻离别，前月浮梁买茶去"，浮梁就是当时产茶叶最多的地方。根据陆羽的考证，浮梁提供的是大宗买卖的茶。但是，人们开始品茶而不只是饮茶，就不是始于浮梁了。

唐朝的时候，禅宗非常盛行。有一次一个和尚打坐参禅，喝了茶之后，发现整个晚上精神都很好，对打坐很有帮助，于是茶与禅宗就联系在一起，结下了不解之缘。唐朝的时候茶叶和禅宗同时兴盛，佛教的寺庙特别鼓励去种茶、饮茶、品茶。禅宗佛学里有一句话叫"当头棒喝"，可能就是因为坐禅时容易打瞌睡，老和尚敲一棍子，然后打瞌睡的人惊醒，就顿悟了。唐诗里有关茶的题材出现得很多。陆羽写的《茶经》对当时饮茶的方法做了一些规范，"茶道"也就开始了。吃饭有吃相好不好的问题，比如把米粒撒得到处都是，但是没有人提出过"米道"，或者把它当做一个庄严的仪式，而喝茶却被提升到了另一个层次。

茶道要求艺术品位，首先提倡味觉与视觉要统一。视觉就是除了茶的颜色之外，茶具的颜色也要与茶水相协调，那么瓷器的兴旺与饮茶就有很大关系。茶要真香，把其中真正的味道提出来，不要其他杂乱的东西。现在有人喜欢把茶与果汁混在一起喝，像花茶，花太多，茶的味道就没有了。另外茶要简约，不能牛饮，只能慢慢地一点点地品尝。除了生津止渴，还要讲究文化品位。现代西方的艺术里面也很讲究这两点，就是 essentialism 和 minimalism。我的一个很懂饮茶又通西方艺术的朋友认为茶道早就已经包含了现代欧美的一些美学观点。

到了宋代，茶叶开始研磨，茶具改变了，瓷器工艺也在进步，与茶的发展相得益彰。元朝的时候又有了些改变，有蜡茶，是要给皇帝进贡的，所以要封起来。大红袍，据说全国只有四棵，但是世界各地都有得卖，我想不明白为何这四棵树的产量会如此之大！

南宋 窑变天国茶碗

明朝开始炒茶，团茶就没落了。茶叶的制作工艺有很大的发展。茶叶的制作已经很讲究，种植方面也是，像采茶的时间以及采茶的天气条件，比如不能在雨后潮湿的天气采摘，等等，都有讲究。清朝又有改变，喝茶的方法出现了一些新的样式，云南的普洱茶兴起。这跟后面要讲的茶马古道有关，因为茶叶松松散散不适合长途运输，就要压成饼状，驮在马背上比较方便。

明永乐 青花转枝月季花茶钟

刚才提到唐诗里有不少以茶为题材的诗词。比如唐朝的诗人元稹，写过一首很有意思的宝塔诗：

茶

香叶，嫩芽。

慕诗客，爱僧家。

碾雕白玉，罗织红纱。

铫煎黄蕊色，婉转曲尘花。

夜后邀陪明月，晨前命对朝霞。

洗尽古今人不倦，将至醉后岂堪夸。

这种体裁，在茶诗中很少见，这首诗概话了茶的品质、功效，还有饮茶的意境，烹茶、赏茶的过程，很有意思。

唐朝的诗人卢仝也写过一首很好玩的七碗茶诗，这样形容茶的功效：

一碗喉吻润；

二碗破孤闷；

三碗搜枯肠，唯有文字五千卷；

四碗发轻汗，生平不平事，尽向毛孔散；

五碗肌肤清；

六碗通仙灵；

七碗吃不得也，唯觉两腋清风生。

当然这只是文人的想象,说明茶在当时不只是止渴,第一碗是润喉,到了六七碗,两腋清风生,就要乘风驾云、成道升仙了。卢仝描述的这些不同的饮茶感受,对提倡饮茶产生了深远的影响。宋朝苏轼点评卢仝这首七碗茶诗,写过《游诸佛舍,一日饮酽茶七盏,戏书勤师壁》:

示病维摩元不病,在家灵运已忘家。
何须魏帝一丸药,且尽卢仝七碗茶。

后面的两句就很幽默,说是喝了卢仝的七碗茶就能百病全消。他还有一些把饮茶与思乡联系起来的诗句,其中很有名的如"休对故人思故国,且将新火试新茶"两句。

同时,喝茶已经产生了审美的概念。中国文化里,情景、意境非常重要。在瓷器上会画一些画,写一些字,就是情景与意境的表达。茶不只是止渴、养生,它对中国文化的影响非常大。爱国诗人陆游写过很多与茶有关的诗,比如这首《试茶》:

北窗高卧鼾如雷,
谁遣香茶挽梦回?
绿地毫瓯雪花乳,
不妨也道入闽来。

清乾隆 青花御制诗文盖碗

睡觉正睡得香，旁边有人在烹茶，结果茶香把他从梦中唤醒了，可见茶的魅力难以抵挡。陆游 83 岁的时候还写过一首诗《八十三吟》：

> 石帆山下白头人，八十三回见早春。
> 自爱安闲忘寂寞，天将强健报清贫。
> 枯桐已爨宁求识？弊帚当捐却自珍。
> 桑苎家风君勿笑，它年犹得作茶神。

他最后希望自己"犹得作茶神"。除了诗词、瓷器，绘画中也有很多以茶为主题的，如宋徽宗的画作。

宋徽宗《文会图》

下面讲讲茶的传播。根据《茶经》的记载，茶起源于巴蜀之地。那么从四川到中原一带，茶叶是怎样传播的呢？我用"东西南北中"来概括。东，是高丽、日本，唐朝时（公元600年左右）传到那边。日本、韩国有不少僧人来到大唐学习，回去时带了茶种回去种。往西传，就是沿着丝绸之路传到中亚和西亚。往南到了越南、缅甸、印度，大约在9、10世纪，他们就开始喝茶了。至于北，则是五代和北宋时越过河套地区传到北方游牧民族那里。中，指的是中原汉地，就不再多讲了。

唐朝时已经有茶税，宋朝的时候茶叶开始外销，到明朝时茶叶和瓷器是最重要的两种外销产品。明朝最重要的海港是在泉州一带，福建人把"茶"字读做"déi"，这个读音也就跟着传到欧洲去了，就是法文的 thé 和英文的 tea。我国北方的发音是"cha"，所以从西北陆路传出去的地方称茶为"chai"。你要在波斯语族、突厥语族的国家说 tea 没人懂，但要是说"chai"，他们就明白了；俄罗斯也是读"chai"。这个现象与茶的传播路线是有关系的。在10世纪的时候，就是大概北宋时期，契丹人和茶可以说是一拍即合，因为游牧民族吃的食物脂肪、蛋白质比较高，刚好茶可以消解脂肪，所以很合他们的胃口。从北方的草原之路继续向西走，俄罗斯那边也有茶了，特别是在蒙古人西征的时候，北方草原之路很是重要，西方的传教士往来于这条路上的人也不少。

唐代中叶以后，来自今日西藏的吐蕃人曾经占领过河西走廊，特别是敦煌，唐朝廷就制定了以茶易马的政策。北宋时党项族建立的西夏控制着河西走廊，宋加强茶马政策，实行经济制裁，不卖茶叶给他们，这也影响了西藏。当地的藏民已经养成了喝茶的习惯，在高寒地区，需要摄入热量高的脂肪，但没有蔬菜，糌粑又燥热，过多的脂肪在人体内不易分解，而茶叶既能分解脂肪，又能防止燥热，所以藏民在长期的生活中，创造了喝酥油茶的高原生活习惯，但藏区不产茶，没有茶叶那还得了，于是，茶马古道就大大兴旺了。茶马古道分川藏、滇藏两路，连接川、滇、藏，延伸入不丹、锡金、尼泊尔、印度境内。滇藏茶马古道大约形成于8世纪,它南起云南茶叶主产区思茅、普洱,中间经过今天的大理白族自治州和丽江地区、香格里拉进入西藏,直达拉萨。茶马古道并非有人想走险路,而是有利可图的,明清的时候还在使用。"香格里拉"这个名字其实是近几年才起的,是为了发展旅游业而套用的。"香格里拉"一词,其实是1933年美国小说家詹姆斯·希尔顿(James Hilton)在小说《失去的地平线》(Lost Horizon)中所描绘的一块永恒、和平、宁静的土地,没有人知道这个地方在哪里。最近云南有人说,我这里有个地方就是香格里拉了。茶叶从云南运到西藏,打破了中央王朝对西藏的制裁。西藏生产马,茶叶也需要马来运送,所以茶运过去了,带回更多的马匹,生意才能继续下去,这是茶马贸易的另外一种形式。

咖啡的源起与传播

咖啡和茶里都有咖啡因,含量差不多。埃塞俄比亚有一个地区,名叫卡法(Kaffa),这里漫山遍野都有一种树,树上结着一种先青后红的果子。在大概5世纪的时候,牧童们发现羊吃了这种果子会乱跑。后来修道院里有的修士发现,人吃了这种果子精神就会好,于是就传开了。这个故事和东方和尚发现茶的功效很像,而且在时间上也差不多。

树上生长的和煎烤后的咖啡豆

后来埃塞俄比亚军队的士兵有嚼食咖啡豆的习惯，出征时还会随身带着咖啡豆和动物脂肪混合而成的干粮。埃塞俄比亚军队曾经两次占领过阿拉伯半岛西南部的也门，咖啡树因此在也门生了根，特别是埃塞俄比亚对岸近红海的摩卡（Mocha）地区成了今日全世界公认的最好的阿拉伯咖啡豆的起源地。

因为世界各地很多的穆斯林每年都会到麦加朝觐，所以喝咖啡提神的习惯就传到了不少穆斯林地区，特别是沿着阿拉伯半岛的西部传到了地中海东部，接着奥斯曼土耳其人和意大利人也流行喝咖啡了。

奥斯曼人在1683年围困维也纳，久攻不下。有一个曾在伊斯坦布尔住过、能说土耳其语的人自愿出城到外面去找救兵，他用土耳其语混过盘查，到波兰找到了救兵。援军从后面对奥斯曼军队突袭，奥斯曼军仓皇撤退，走的时候留下了很多袋的咖啡豆。这个冒险出城搬救兵的人请求国王把咖啡豆赏给他。他知道怎么烤咖啡豆，怎么煮咖啡。奥地利人喝了咖啡后觉得太苦，因为奥地利盛产牛奶，于是就把牛奶加到咖啡里，就形成了我们今天喝的"拿铁"（Latte，就是奶的意思）。

最早的时候，咖啡的做法是将咖啡豆煎烤，把红色的豆烤成褐黑的，然后磨成粉，再加水冲泡，等豆渣沉淀之后，只喝上面的液体，渣就留在杯子里。这是土耳其人的喝法。意大利人觉得这种喝法麻烦，就采用一个细筛子，把豆渣过滤之后再喝。所以意大利人发明了过滤咖啡。但是土耳其人今天喝咖啡仍然不过滤，很浓，喝完了上面一层，然后看杯子里面留下的渣的分布形状，据说根据这个可以算命。

埃塞俄比亚我去过两次，那里现在也还是一个咖啡生产的大国。他们在家中宴客必会郑重其事地当场煮咖啡给客人，也有些特别的咖啡道具，但不像我们中国或是日本把茶文化发展得那么细致。

咖啡从也门传播出来后，如今已成为全球重要的经济作物。这段历史很复杂但也很有趣。

奥斯曼人16世纪时占领了红海西部，管理穆斯林到麦加的朝圣。他们利用也门的咖啡豆资源，大量出口熟咖啡豆，获取暴利，但不许咖啡种子出口。1600年，一个印度南部的穆斯林苏非修行者到麦加朝圣之后，偷偷地把七颗生咖啡豆贴在肚皮上，闯关成功。他回到家乡后，把这些咖啡豆栽种在他修行地的附近。咖啡很适应印度南部的水土和气候，生长情况很好。这时荷兰正是印度洋里的商业强国，而咖啡在欧洲已经流行，所以荷兰人就把印度的咖啡拿到锡兰和爪哇种植，效果都很好。而这两地的咖啡树都是当初那七颗生咖啡豆的"后裔"。

今天世界第一大咖啡生产国是巴西，所产的主要也是阿拉伯咖啡。那巴西的咖啡树又是从哪里来的呢？原来自荷兰人种植咖啡成功后，咖啡在欧洲更走红。法国人想染指咖啡市场，就把印度咖啡移植到法国南部，无奈下霜被冻死。1714年，阿姆斯特丹的市长从爪哇运回来一株咖啡树送给法国国王路易十四，他如获至宝，特别修了一个暖房来培育咖啡树。后来他们将暖房中培育的树苗移植到东非海外的法国殖民地留尼旺（Réunion），结出来的豆子比在巴黎的更小。这时的咖啡仍然由也门和荷兰垄断，但是有一个法国海军军官不服气，就向法国王室申请，请求其给他一株树苗，由他带到加勒比海的法国殖民地去栽培，但是遭到拒绝。他一不做，二不休，居然在夜里潜入暖房，偷走了一株树苗，之后历尽千辛万苦，遇到飓风和海盗，但大难不死，终于在马丁尼克（Martinique）种下了那株奄奄一息的咖啡树树苗。马丁尼克的咖啡业兴旺之后，中南美洲的海地、牙买加、危地马拉、哥斯达黎加等纷纷效尤，而南美洲大陆上的哥伦比亚和巴西则后来居上，成为世界咖啡业的翘楚。而在拉丁美洲咖啡种植业发展的过程中，从非洲买卖奴隶从事种植，也成了人类历史发展过程中，特别是人口迁徙史上的一个大事件。

喝咖啡与饮茶和社会、文化、政治的关系

咖啡传到中东以后，在叙利亚有商人想到要将咖啡作为单独的货物来卖，就出现了咖啡屋。我在土耳其住过半年，我注意到，大家真的都很喜欢喝咖啡，但是，每天都喝好几次茶的人也非常多。《古兰经》里有明确禁止喝酒的经文，很多社会学家认为，正是这条禁令使得咖啡和茶在穆斯林国家里特别受欢迎。16世纪时，奥斯曼帝国内咖啡屋盛行，许多宗教人士借咖啡屋传播官方不认可的教义并且组织信众，苏丹就下令禁止咖啡屋。

1639年，在意大利也开张了咖啡屋，大家聚在一起聊天，结果就是无所不聊，常常会骂那些当政者，当政者听到了心里就不舒服，就要找个理由把咖啡屋关掉。在历史上，欧洲国家至少曾经三次关闭咖啡屋。英国的查理一世被斩首，查理二世上台之后，咖啡屋的一些言论对他不利，他就找理由关掉咖啡屋。中国有句古话"防民之口，甚于防川"，同样的道理，你能把咖啡屋禁掉，但是你不能把人们的嘴巴封住。

19世纪中东地区的咖啡屋

英国把美洲作为殖民地时，美国人也喝茶，英国人就要抽税，但美国人说没有代表权就没有交税的义务，结果有人强行登船，把英国运来的茶倒在波士顿的海里去了，这就是波士顿倾茶事件，是美国独立战争的导火线之一。这件事就是由构思者们在咖啡厅里讨论出来的。而自从波士顿的倾茶"派对"之后，美国人也逐渐转为喝咖啡了，这和后来拉丁美洲的咖啡种植业大发展绝对有关系。

我在巴黎住的时候，很喜欢带来访的朋友去拉丁区的旧法兰西戏剧院（Comédie-Francaise）对面的一个叫做 Le Procope 的老咖啡馆。这是 1686 年时一个从西西里来的叫 Francesco Procopio 的意大利移民开设的一家卖咖啡与冰激凌的小店。因为他卖的咖啡味道香浓，又靠近剧院，所以生意非常兴隆。18 世纪下半叶，法国著名的文学家、音乐家、艺术家们常在这里聚会。伏尔泰简直就天天耗在这里；年轻军官拿破仑有一回在这里喝完咖啡没钱付账，就把军帽留下来当抵押；后来当了美国总统的富兰克林也常光顾这家时髦的咖啡馆；法国大革命的领袖人物丹东（Danton）也时常在这里和他的同党们密商。所以说咖啡馆对法国大革命有催化作用一点也不为过。这也就会让你明白，为什么过去欧洲和伊斯兰世界的统治者们经常要关闭咖啡屋。

咖啡屋甚至还曾发挥过对整个世界的资本运作产生巨大影响的功能：证券交易所这个概念就是一帮买卖股票的中介人在纽约华尔街上的一家咖啡屋里讨论出来的。

喝咖啡的地方有咖啡屋，喝茶的地方则有茶馆。"老舍茶馆"大家都听说过，但这本来是老舍虚构的，只是人们根据《茶馆》这个话剧把这个茶馆建起来了。这就是文化产业，有了文化根基就能发展一些相关产业，文化与经济是联系在一起的。《茶馆》里有一段，在墙上贴着一句话"公共场所，莫谈国事"。中国当时的情形与 16 世纪的奥斯曼或者英国是一样的，人们的言论被控制得很严。现在的茶馆都做得很现代化，人们来到这里是"摆龙门阵"来喝茶，而不是品茶的，大家坐在一起聚一聚，聊聊天，喝喝茶，不像陆游、苏轼那样用新火试新茶。我去四川、重庆都看到很多这种茶馆，人们喝茶可以喝好几个钟头，茶馆里还可以下棋、打麻将。

　　茶与咖啡现在都很国际化了。我去亚丁湾和红海交汇处，就在也门对岸的吉布提，看到那里的年轻人用玻璃罐子喝茶，很方便，和中国"文化大革命"年代的做法很相似。茶在日本当然非常盛行，而且日本的茶道是与禅宗以及武士道结合在一起的。从唐代开始，中国的饮茶习俗就传入日本。到了宋代，日本开始种植茶树，制造茶叶。但要一直到明代，才真正形成独具特色的日本茶道。日本茶道有严密的组织形式，通过非常严格、复杂甚至到了烦琐程度的表演程式来实现"茶道四规"。茶本身的消费量不是很大，但是与茶相关的许多活动，带动了茶的发展。日本的茶往往做成茶末的形式，绿色的，很精细。在中亚国家，人们有一

手执大茶杯的作者与用玻璃罐喝茶的吉布提青年

些本土的喝茶习惯，比如说，中亚几国都用碗喝茶。

我多次到过土耳其，他们在1888年的时候跟日本学了种茶，回来后在黑海东南岸一个雨量充足的地方种植茶叶，成立国营的茶公司，现在正在推广有机种茶，而且还在茶厂里配置农业部的研究人员，另外还有单独的试验室。他们研究的不只是其传统上喝的红茶，还在出产绿茶，想在国际市场上打开一条高端茶产品的新路。

其实，除了茶和咖啡，另外还有三种东西，跟它们有相似之处，分别是槟榔、Khat和可口可乐。大家见过槟榔吧，人吃了之后会兴奋、开心，可能会傻傻地笑。据说做苦力的人，以及开长途车的司机，为了保持精力，都喜欢嚼槟榔。台湾地区就有很多槟榔。槟榔不是直接拿来吃的，而是切开以后往里面塞一些石灰，嚼完之后就吐出来。台湾地区有"槟榔西施"，一般在公路交通出口都有穿着很清凉的女孩，吸引司机去买槟榔，这也是一种营销策略了。

也门的Khat地摊

大家对 Khat 可能会比较陌生，有人叫它阿拉伯茶，看起来就像青菜叶，在也门和东非特别多。据我看到的资料，一个也门的家庭，平均一个月要把 17% 的收入花在买 Khat 上。在索马里，街上经常会看到人们嘴里在嚼这样的东西，无论男的女的都嚼。买卖 Khat 是大生意，有权势的人能够取得垄断买卖权。Khat 里应该含有一些令人兴奋的物质，但不是咖啡因。

可口可乐大家都非常熟悉了。Coca 是南美洲的一种植物。19 世纪末期的美国药房都兼卖饮料，在南部亚特兰大（Atlanta）的一间药房，有一天，汽水不够了，店主就到药房后面拿了一些药掺上水加到汽水里，结果大受欢迎。人们问他这是什么，他说叫可口可乐（Coca Cola），名字因此就传开了。可口可乐的配方，至今除了持有人家族之外无人知晓，但至少含有咖啡因，还有很多糖。可口可乐在宣传、制造、市场营销等方面都是 20 世纪最成功的商品之一。20 世纪 20 年代进入中国市场，并将名字翻译成中文"可口可乐"，很成功。这么简单的一样东西，包含了很多文化、经济、社会、政治的因素在里面。

现在让我们再回到茶与咖啡。茶与咖啡都是在 16 世纪的时候传到欧洲的。17、18 世纪的欧洲人还觉得中国很神秘，伏尔泰等作家，用他们的想象把中国描绘得很美好，中国的形象很完美，所以有一阵子在欧洲掀起了一股中国热。人们会把中国的瓷器摆放在家里，以显示自己的地位和品位。有钱的人家会专门在家里开辟一个小角摆放中国装饰品。有相当长的一段时期，在中国和欧洲国家的贸易中，茶和茶具占中国出口的大宗。

目前，中国仍是世界最大的产茶国，年产量大概 1000 万吨。但是世界上最出名的茶叶品牌是立顿（Lipton），它不生产，只包装销售，每年获利甚丰，应该远远超过任何一家中国的茶叶公司。就算在中国，恐怕任何一家中国公司的茶叶都没有立顿茶叶或是雀巢咖啡那样普及，更不要说在全世界的销量了；而且目前中国的茶叶公司也没有足够的研发力量去做市场调查和品质改良。据我看，

英国的正式茶点（High Tea）

作者在一个乌兹别克斯坦家庭作客时用碗喝茶

基本都是在做一些比前些年改进了很多但也因此使价格高了很多的包装和营销工作。等到哪家公司的茶叶普及到全国每个超市和便利店都能买到的时候，中国茶业的现代化就成功了。

一开始咖啡在欧洲并不顺利。虽然欧洲人向阿拉伯人学了很多东西，但是他们一般选择茶而不是咖啡，因为咖啡被认为是穆斯林国家的产品。但是当英国占领了印度以后，英国社会上普遍有了喝茶的习惯，并把茶传到了北美洲。

全世界在欧洲殖民主义的影响下，茶的普及要比咖啡早，当然茶从来没有像可口可乐那样大规模的商业化。还有，郑和下西洋对茶的推广作用也不可低估，因为他的舰队带了许多茶叶，一则供自己饮用，二则以促进贸易。除此之外，中国的瓷器也因此得到了推广。有人认为，中东一带的人喝咖啡都用没有柄的小瓷杯，其实就是郑和当初带过去的中国喝茶用的瓷杯。在中亚地区，一般都是用碗喝茶，这和中国西北地区的习俗相似。

直到第二次世界大战前，咖啡在美国才真正发展起来，那时才有大公司推广咖啡。它们的策略是推广低质量磨成粉的真空罐装咖啡，如 Hills Brothers、Folgers 和 Maxwell 等牌子。第二次世界大战时，美国在欧洲的士兵非常喜欢喝咖啡，每天要喝很多杯，因此每杯都很淡，这就是欧洲人所鄙夷的"美国咖啡"。战后，美国的咖啡业者协会进行了持续的宣传工作。他们最大的成功就是使雇主们给所有员工在上班时有一段休息聊天的时间，并且把这段时间称为"coffee break"，而不是英国用的"tea break"这种叫法。从 20 世纪 60 年代中期起，美国几乎每个办公室里都有一个小小的咖啡间，员工可以随时去倒一杯来喝。美国的消费量使世界咖啡产量大增，也使美国公司在咖啡期货交易中占有十分重要的地位。因此巴西等国的经济与咖啡价格息息相关，巴西总统的两次选举就决定在咖啡价格上；甚至还有一位巴西总统因为咖啡价格下跌的压力而开枪自杀，死前还留下一封"情辞并茂"的遗书。

今天世界上 70% 的咖啡是在南美洲生产的，许多咖啡园的主人往往是美国的大公司。但是世界各主要咖啡生产国就像石油生产国一样，有国际协议规定售价不得低于多少，也有生产配额。这样商业化和国际化的咖啡豆生产和 6 世纪时埃塞俄比亚的牧童见到的咖啡豆可真是大相径庭，而也许这就是人类社会无法避免的进步吧！我的看法是，既然躲不过去，咖啡原产地的埃塞俄比亚也好，茶原产地的中国也好，就只能参加这场国际大游戏了。

阿拉伯咖啡豆固然是公认的好咖啡豆，但是它的生命力不够强，时常被天气或害虫损坏。所以就有另外一种生命力很强但是味道较苦的原产自刚果的罗布斯塔咖啡豆充斥市场。刚果所在的地区是法国的殖民地，所以法国人一般都喝用罗布斯塔咖啡豆煮的咖啡。

而大众化的另一个表现是速溶咖啡的出现和大行其道，以及为不愿或不能喝刺激性饮料的人们特制的无咖啡因咖啡。然而，大众化的淡咖啡并不能满足所有人的需要。20世纪60年代中期，有一个移民到美国的叫Alfred Peet的荷兰人不信美国人天生就喜欢喝味道很差的咖啡，认为他们只是不知道什么叫做好咖啡。于是他在加州大学伯克利校区附近开了一间小型的咖啡店，强调原料是百分之百的上品阿拉伯咖啡豆，并且采用重烘焙，每天只供应新鲜咖啡。我曾经好几次到他开的第一家Peet's Coffee & Tea小店里去和加州大学的教授会面，每次都是一饱口福。这家咖啡店可以说是美国精品咖啡文化的开山鼻祖。

之后，在1971年，有三个华盛顿州西雅图的青年人志同道合，决定开一个他们心目中的梦幻咖啡馆。结果他们创建了星巴克（Starbucks），既当场卖新鲜的咖啡，也卖咖啡豆和一些咖啡用品。现在星巴克已经成了一种世界性的文化，里面可以无线上网，可以自由地聊天，保证顾客有一个舒适安静的环境。目前全世界一共有17000多家星巴克，大中华区的第一家1998年开在台湾地区，1999年进入内地，2008年的时候在港澳台加上内地就有500家了。全世界美国占了11000家，加拿大1000家，日本800家左右。星巴克整个是现代心理学在商业上的应用，同时也符合现代都市繁忙生活的需要，跟中东以前的咖啡屋的社会功能差不多，只不过是现代版而已。经营者善于经营管理，不能不承认他们做得很成功。

北京大学校园里的师生缘咖啡厅

今天的讲座开始之前，我特别要求组织者给大家每人一杯茶或者咖啡，并且我也要求他们做了一个统计，结果是这样的，进来的人当中，有110人要了咖啡，49人要了茶。大家对这个结果是不是很惊奇？在茶的故乡，在北京大学的这个报告厅里，在这次以茶与咖啡为主题的讲座中，选择咖啡的听众是选择茶的人的两倍还多。①

我也在北京大学的校园里做了一点实地考察，这里没有专门的茶室，但是有五家称作咖啡厅或咖啡馆的餐饮地点。所以最后我想说"谁遣香茶挽梦回"，也许是时候要"且将新火试新茶"了。我今天就讲这么多，谢谢大家！

---

① 作者 2010 年秋又应邀到山东大学和中央财经大学做了同一主题的演讲，也请组织者给每位听讲者一杯茶或咖啡。在山东大学的 350 位听讲者中，70% 选择茶，30% 选择咖啡；在中央财经大学的 170 名听讲者中，选择茶与咖啡者各占 50%。

丝绸与皮革

- 绣衣雕鞍意气豪
- 丝绸与中国文化
- 知识产权的外传
- 丝绸之路
- 绢马贸易
- 丝绸和奢侈品的生产

内容提要

丝绸与皮革是农耕社会和游牧社会的代表性产品。中国是丝绸的故乡，也是最大的生丝生产国，印度则是世界最大的皮革产地，但在现代工艺设计和品牌竞争中，它们却都沦为意大利世界一流的丝绸与皮革产业的原料供应地。意大利引导欧洲文艺复兴有五百年的历史，商业发达已经近千年，文化底蕴深厚，又经过了工业革命的洗礼。如果要问文化和经济发展是否相关，看看意大利的例子就会得到答案。

这个题目我过去没讲过，也没听别人讲过，所以我今天愿意跟各位同学做一个交流，希望你们提出一些建议。这方面的内容并不是我的专长，因为这次我讲的是文化与经济讲座，都是既有文化因素，也含有经济因素，并且两者的互动都在里面。

讲到丝绸有一个小小的问题。根据我的理解，在座的同学可能多半是在城市里长大的，即便不在城市里长大也没有养过蚕，没有看过蚕吃桑叶。今天我带了一个在乌兹别克斯坦买的蚕茧，现在把它传下去请各位同学感受一下。讲座结束之前，希望这个蚕茧和铜盒能够完好无缺地回到我手上！

绣衣雕鞍意气豪

先讲个有关人类开始穿衣的故事。很多人都知道,《圣经·创世纪》里面说,亚当和夏娃在伊甸园里什么都能享用,但是唯独不许吃一种禁果。夏娃看见树上的果子很艳丽,又受不住魔鬼在一旁劝诱,就摘下来吃了,也给她丈夫吃了。两人吃完后就感觉自己赤身露体很羞耻,于是拿无花果树的叶子遮住下体。这就是为什么今天在激烈的外交争辩里,如果什么人硬要找一个骗不了人的理由来掩饰一件见不得人的事,他的对手就会说那是"无花果树的叶子"。

下面是一个可能比亚当和夏娃的故事晚许多,但是也确实许多的故事,就是《诗经·卫风》里的《氓》:"氓之蚩蚩,抱布贸丝,匪来贸丝,来即我谋。"说的是一个男人抱着一捆布来找一个女人换她的丝,女人看穿了男人的动机,说你不是真的来做买卖,而是对我有所图谋的。后来男人变心了,女人很痛苦。男人"二三其德"让女人痛苦是肯定的,而当时有人做丝的买卖更是历史事实。

《诗经·郑风》里的《羔裘》是这样说的:"羔裘豹饰,孔武有力,彼其之子,邦之司直。"这是说有一个穿着用羊羔的皮做的袄配上豹纹饰物的身强力壮、威风凛凛的人,是专司纠正他人错误的官员。

这两个例子说明丝绸与皮革在春秋早期在我国北方就已经很普遍了。

虽说古已有之,但是的确于今为甚。巩俐和周润发这两大巨星在《满城尽带黄金甲》里的丝绸戏服闪闪发光之余,据说还真是晚唐五代的服装款式,但我不敢保证当时的仕女都穿得像戏中那么低胸。

过去我们老说中国制丝有五千年的历史,还说是黄帝的妻子嫘祖发明的,当

良渚文化墓葬中的丝的碎片的放大图，丝纤维的横断面是三角形

然没有实物证明。现在有了。左图的这一小块丝织品的碎片是在属于良渚文化的一个墓里发现的，经过断定确实有五千年的历史，用显微镜放大以后是这个样子的：丝的特点是有光泽，因为蚕吐出来的丝纤维的横断面是三角形的，就是很长很长的一根三棱柱；把丝纤维织在一起，从任何角度它都会反光，所以丝怎么看都发亮。

如果说你打死一只豹，把它的皮剥下来往身上穿，这是很直接的方法。但是，要想到把荒野里一种白花里的纤维纺成一根线，再把线织成布，可就不简单了。而看见树上的蚕会吐丝，然后会作茧，就要把茧拿来做衣裳，真不知道我们老祖宗五千年前是怎么想出来的。

人们曾在马王堆里找到一小块残存的丝纺织品。丝是有机物而不是铜、铁、陶瓷，照理说很容易腐烂掉，但是那一小片是包裹铜器的一大块丝织品中唯一幸存下来的。当时发现的时候，考古学家们很细心，看到铜器边上有碎片，就让科学家研究一下，结果发现那竟然是造型复杂的丝织品。

蚕茧

我们都知道蚕和桑叶。蚕有野生的，吃不同的叶子。那些吃桑叶的某一种蚕吐出来的丝最好；蚕的生长过程是一种蜕变，幼虫经过几次蜕变以后就变成茧。左图是透明的茧，作茧自缚就是这个意思，蚕大概要十天左右才能吐完丝，这就

叫做"到死丝方尽"吧！

问一个问题：现场的同学有谁剥过动物的皮？使用兽皮是农业社会和游牧社会共同的需要，特别是游牧者的看家本领。把皮剥了以后，去除毛，经过鞣制之后成为革，就可以保存得较久。因为皮毕竟是有机物，不特别处理会很容易腐烂。像丝织品一样，革制品可以满足人的生活需要，价钱昂贵的名牌货也可以满足人的虚荣心。

丝绸与中国文化

中国第一部字典《说文解字》收录"纟"字旁的共有267个字。我手里有一本十年前在香港出版的《普通话、粤音商务新词典》，收录"纟"字旁的也是267个字。这至少说明"纟"字旁的字在两千年里没有多少改变。

许多常用的汉语词汇都和丝有关：组织、维系、绨结、继续、经纬、绰约、缴纳、纤维、缤纷、编纂，等等，简直不胜枚举。一个人想避开含有"纟"字旁的字而写一篇文章还真是不容易。

当然还有成语。"作茧自缚"、"络绎不绝"、"一丝不苟"、"千丝万缕"这些都是最常见的。最有意思也最重要的是"锦绣山河"，把祖国山川之美比作丝织品，我们文化里面最美丽、高贵、精致的就是锦绣这样的丝织品，所以把壮美的山河叫锦绣山河。

诗词里面，白居易的《琵琶行》提到"五陵少年争缠头，一曲红绡不知数"，只是描写晚唐时的社会风尚；李商隐的《无题》里"春蚕到死丝方尽，蜡炬成灰泪始干"，是表达他至死不渝的忠贞爱情；宋朝张俞的《蚕妇》说"遍身罗绮者，不是养蚕人"，就有社会公义的意识在里面了。

另外我国的四大发明里据说两大发明都是从制丝术转化而来的。纸的造价比较便宜，造纸工序比丝要简单，但是历史上其实是丝先行，因为蚕吐丝的时候是唾液卷着丝出来的，而制丝却是只要丝不要唾液，所以制丝要有"漂絮"这样一道工序，一根蚕丝的直径大概是50微米，要蒸煮沉淀，还要把原料浸水；造纸要用酸把原料纤维化了，再沉淀。这两道工序是一个道理。中国造丝术很早就已经很发达了，而造纸在后，所以"纸"字是"纟"字旁，说明两者一定有联系，但是先贵后贱，先难后易。印刷术当然在造纸术的后面，因为造纸的灵感是从制丝那里来的，那么印刷术当然一定也受到制丝术的影响。织成丝以后，还要印染，用一个凸起的东西印在丝上。刻板印刷其实就是这样一个原理，所以印刷术的灵感可能也来自丝绸印染技术的凸版印花。

丝从表面上看只是衣着和装饰的一部分，可是它的实际用途却远不仅于此。在我们旧时的文化里交税可以不用钱，因为皇家赏赐给很多人的都是丝帛。《旧唐书·食货志》记载，开元年间岁入绢达740万匹，棉180万屯。要和北方民族缔结什么盟约也都是每年给多少万匹绢，等等，政府就直接从老百姓那里收丝帛，然后拿去进行外交。

知识产权的外传

丝绸是中国最早发明的，这个毋庸置疑，但丝绸外传的历史，却没有清楚的记载。在公元前11世纪的埃及法老墓中就有丝制陪葬品。希腊人很早就知道丝绸，他们将其称为seris，并用这个名称称呼中国，类似于英文中把中国的名字(China)当成瓷器的名字。希腊人虽然知道中国产这种特别的材料，但他们误以为丝是长在树上的。他们知道丝不可能是矿物，但是总也找不到这种材料，就认为中国有一种特别的树。丝真正的外传是张骞第二次通西域时，将大批锦帛送给乌孙王，他回来时，有很多西域商人跟着他来到长安，买了许多丝绸回去，所以丝大量外传是从此时开始的；所谓"大量"也不会大到哪里去，毕竟当时丝绸还没有普及到中亚以外的远方。

有一个民族，没有过自己强盛的国家和军队，但是很会在他国军队的保护之下，在不触犯他人的王法的情况下，到处用骆驼贩卖货品，把中国的东西运到波斯，再把波斯的东西运来中国。这个民族就是活跃在锡尔河（Syr Darya，希腊人称为 Yaxartes，中国古代文献译为药杀水）与阿姆河（Amu Darya，希腊人称为 Oxus，汉语译为乌浒水）之间的粟特人（Sogdians）；这个地区被希腊人称为 Transoxiana，即 Oxus 河之外的地方。粟特人和波斯人相近，说一种东部伊朗语。如果世道不好，"丝绸之路"上不宁静，粟特人就绕道经商，北行草原之路；从长安往北走到蒙古以北，沿着亚洲大草原往西走，再向南折下去，到达波斯等地。唐时，这一带由突厥人控制，所以粟特人就跟突厥人打交道。长安有许多粟特人，世世代代做生意，死后墓地就安置在这里。其中一个墓中有一幅画，记叙一个粟特商人前往北方开拓商道时与突厥首领会晤的事迹。他曾经开拓商贸之线，所以死后家人把他的事迹刻在墓上。

说到丝的外传，不要把眼睛只往西看，其实还有东边。东边一个是高丽，另一个是日本。在公元前3世纪，

长安出土的粟特人墓中有关于粟特商人（戴帽者）前往北方与突厥首领会晤的绘画

就是战国的时候，有一些往高丽去的中原移民带着蚕和制丝的技术到了那里。

西域那边，中国朝廷多用了点心眼，边防海关很严格，蚕和茧不许出境，别的国家的人就算知道怎么制丝，也做不出来，何况希腊人老以为丝是树上长的。

玄奘的《大唐西域记》中提起他在于阗（今新疆和田）听到的一段故事。于阗有近1000年的时间都跟中原政权非常接近，于阗王经常会送一个王子到长安当质子，其中有不少质子和他们的随从就一直留在长安不回去了。于阗王室的汉姓是尉迟，唐太宗手下一个将军叫尉迟恭（号敬德）的肯定是于阗王室的后代。玄奘的故事说，于阗王想要娶一个东汉的公主，汉答应了。这时有一个粟特人劝于阗人要想办法告诉汉朝公主，在于阗这个地方没有好衣服穿，要公主想办法带一些蚕过来，以便自己织丝。于是于阗人就跟公主说："你到我们那去，我们王子很帅，会对你很温柔，但是我们那里穿的都是很粗的衣服，你要想穿得漂亮我们可没有办法，除非你自己带。"怎么带？公主就把头发梳得高高的，里面藏了蚕和茧。到了边境，边境官员还真不马虎，照章仔仔细细把行李检查了一遍，但是没敢碰公主的头，所以世界上最古老的知识产权就让这位汉公主给带出去了。这是汉朝的事，玄奘听了这个故事就把它写了下来。总之，到了公元300年左右，于阗人会造丝是事实。

既然于阗人会造丝，那出主意的粟特人也就会造了。这造丝的技术从新疆一带到了中亚，慢慢从中亚又到了波斯。这期间发生了一件事情，波斯跟东罗马帝国一直是有战争的，有一回两军遭遇，东罗马的士兵看到波斯那边迎着太阳来了一面华丽闪亮的军旗，认为是上帝帮助对方，这场仗肯定打不赢，所以纷纷掉头向后逃；后来他们才知道波斯那面闪亮得使东罗马军队不战自败的军旗是丝制的。东罗马帝国知道波斯已经有了丝还会绣制军旗以后，就处心积虑地也想要丝。东罗马皇帝查士丁尼（Justinian）派了两个东正教的教士前往波斯去当商业间谍，波斯当然要保护它的"知识产权"，不愿意告诉东罗马人。这两个教士去了以后找到蚕和茧，把两根竹制手杖里面弄空了，将蚕茧藏在里面，时间在公元 552 年左右。这两个传教士间谍回来后，受到皇帝的盛大欢迎。

东罗马帝国皇帝查士丁尼亲手接过东正教教士带回来的藏有蚕茧的空心手杖

丝绸之路

希腊和罗马贵族非常喜欢丝绸，因为希腊人和罗马人崇尚身体健康漂亮，为了可以显示人体线条，当然以丝绸为原料的服装最好。没有丝绸之前，做衣服最好的原料是羊毛，但显不出身体的曲线来。有了丝制的衣服，大家真是趋之若鹜。有想买的，当然就有会赚的。从中国出口以后，中间的商人层层加码，到了希腊、罗马贵族手里，一两丝要用一两黄金来换。因为购买丝织奢侈品花太多钱了，罗马帝国后来发生财政困难。很多人就因此反对穿用丝绸做的衣服。著名的散文家和演说家塞内加（Seneca）就曾说，如果大家竞相奢华，人人都穿丝织衣裳，罗马的财富就要耗尽，前途堪虞。但是言者谆谆，听者藐藐，塞内加死后不久，丝绸在地中海世界更为风行。希腊人统治埃及的最后一个女王克丽奥派特拉（Cleopatra），就特别喜欢丝，花很多钱"为悦己者容"。5世纪起，中亚和西亚已经掌握了丝绸技术，之后传到西班牙和地中海地区。

"丝绸之路"的概念不是中国人提出来的，而是19世纪欧洲人对于各种文化的研究兴趣高涨的时候，一个德国地理学家李希霍芬（Richthofen）首先提出来的。据他研究，在欧亚大陆上，有一条纬度比较适中的商道，这个商道上最主要的商品是丝绸，当然也有很多其他货品；在贸易的过程中，思想和风俗会交流，特别是宗教。虽然丝绸是由东向西传播的，但佛教、袄教（Zoroasterianism）、摩尼教（Manichaeism）、景教（Nestorian Christianity）、伊斯兰教（Islam）等是通过"丝绸之路"由西向东传播的。1884年左右李希霍芬提出"丝绸之路"的概念，将其定义为"以丝绸贸易为主要媒介的交通路线，连接中国与河中区（Transoxiana）以及中国与印度"。20世纪初又有学者认为"丝绸之路"的概念应该向西延伸到地中海；也有人把亚欧大陆的北方草原的一段也包括在"丝绸之路"之内，这就是从里海和黑海的北面向西行的草原之路，它的西部终端在君士坦丁堡（伊斯坦布尔）。因此，"丝绸之路"不是单独的一条线，而是一个网络。

它大致可以分为三段。东段是从长安到玉门关，敦煌稍微向西就是玉门关，李白又有一句诗，"长风几万里，吹度玉门关"，还有另一句"春风不度玉门关"。（我们老是忘记和田玉是以和田命名的，和田玉要进入中土就得通过玉门关，所以玉和丝绸恰好反向而行。）中段是从玉门关或经楼兰、库车和喀什，或经吐鲁番、乌鲁木齐和伊犁，到粟特人居住的河中区，如撒马尔罕（Samarkand）。这两段有正式和大规模的丝绸贸易是从张骞通西域以后开始的,所以李希霍芬在提出"丝绸之路"时,把它的起始点定为公元前114年,也就是张骞第二次到西域并带了许多西域商人回到长安(公元前117年)之后不久。"丝绸之路"真正的开通是由于汉帝国了解到西域的情况并决心派出军事和外交人员到西域去维持这条"丝绸之路"的绥靖。汉武帝把河西走廊定为四个镇(武威、张掖、酒泉、敦煌),就是根据张骞的建议;后来商人们纷纷沿着张骞探明的道路往来贸易,成就了著名的"丝绸之路"。"丝绸之路"的西段是从河中区经过今日的伊朗、伊拉克和叙利亚到地中海,也有人认为应该把它扩展为经过高加索地区沿黑海北岸到君士坦丁堡。这条路主要是由粟特人、波斯人、希腊人和罗马人经营的商道,也是亚欧大陆之间货物交换的主要商道。

一些优良的西域特产,比如汗血马、乐器、乐典也通过"丝绸之路"传入中国。印度的佛教、哲学与艺术,希腊的雕刻、美术等亦辗转传入中国。葡萄、石榴、胡桃、胡麻、胡豆、胡瓜等西亚的产品也随"丝绸之路"进入中国,其中葡萄是波斯文的译音,其他的产品都带一个"胡"字。中国的丝织品、铁器、冶铸、凿井等技术,也相继传入西域。中国通过"丝绸之路"引进了西域的马;汉朝疆域包括整个西域,一直延伸到伊犁河、楚河流域。东汉要弱一些,但是班超很厉害,只带了36个人到塔里木盆地的36个绿洲国,用"闪电"行动把那些地方给制服了;36个人走了36个国家,这些人应该相当于现在的特种部队。

现在我总结一下"丝绸之路"兴盛的原因。

第一,帝国秩序下道路的开通。帝国秩序包括几个方面:一是不要有强盗随便抢,二是有一定比值的货币,比如中亚是用波斯的银币,东边是用开元通宝,中间要有相对固定的兑换比例,如果兑换比例随便调的话,会对跨国贸易造成冲击。这个道理古今皆然。帝国秩序还包括维护财产权的概念。强盗都说我能拿到手就是我的,那么就得有一种力量维持治安和法律,打击强盗逻辑,如果出了问题就要解决，这是"丝绸之路"兴盛的很重要的原因，也是为什么元朝或蒙古帝国时代是整个"丝绸之路"交通最好的时期。因为从东到西的道路都由一家人控制，从北京一直到伊朗的波斯湾都是自己的亲戚在管理秩序，所以那时候贸易最畅通。

第二，骆驼的使用。"丝绸之路"上有很多沙漠、高山，骆驼被驯化以后，可以大量繁殖和使用，阿拉伯或北非用单峰骆驼，中亚以东用双峰骆驼。

第三，即使骆驼使用得很好，但是如果用骆驼驮运很重的大理石或是易碎的瓷器，运输量也不会很大，利润也就高不了。所以必须有一些很轻、很容易装运、价钱又很昂贵的货物，才能让商人愿意长途跋涉，往来贩卖。"丝绸之路"能开通恰恰是因为有丝。

第四，有丝还不够，得有一些很愿意追求利润、不怕劳苦、可以跟各地区的人交往的商人。这些人就是粟特人，因为他们没有自己的帝国和军事力量，到哪里都要使用别人的语言；粟特人学波斯语很容易，他们的话与塔里木盆地里好几个绿洲国说的吐火罗语相差也不是非常大，所以他们两边跑，要办什么事，相对比较简单。

帝国秩序、交通工具、适于交通工具的货品，加上适当的商人，这四个方面的因素导致了"丝绸之路"的真正开通。

"丝绸之路"经过的地方纬度大致相同，季节气候的变化不至于太大。北方草原的路比较好走，但是比较冷，人口少，很难走一程卖一种货，再进另一种货卖到下一程。草原上的游牧民族，大都属于阿尔泰语系，彼此沟通起来不是很困难，但是因为总人口少，到哪买东西不容易，卖东西也不容易，这就又让穿越许多城池的"丝绸之路"占了优势。

绢马贸易

唐朝君主非常喜欢马，也需要马，因为没有机械化部队之前，马是战争中决定胜负的重要因素，所以说"马者，兵之用也，出师之要全资马力"。中国大部分土地不适于养马，因为不能把良田变成牧场，为了养马让老百姓吃不上饭当然不行。中国需要马，而西域国家希望穿得好一些，所以绢和马就成为常规的互市。8世纪中叶，以一匹马易绢40匹，换马要很多的绢；从形式上看，中原政府往往是说你进贡多少马，我就赏你多少绢。进贡贸易就是四方人遵从我的国际秩序，按照我的游戏规则，每年你的统治者带一些东西，我也允许你进来找个地方住下，只要你们统治者向我进贡，我一定返给你更值钱的东西，这是维持国际秩序的需要。要是国力维持不了这个秩序，进贡就会乱，比如说，明朝的进贡制度就开始乱了。郑和下西洋之后，明朝开始海禁，只准进贡贸易，采用一种勘合卷，有这个卷的人才能来中国进行进贡贸易，其他的一律不准。但是日本有人想多做买卖，明政府不允，他就硬来，被称为倭寇。倭寇就是亦商亦盗的日本人，他们能买则买，能抢则抢。回过头来看唐朝，绢马贸易整体来说对中国是有利的，因为中国最需要的是马，要是没有绢也换不来马。

"唐之初起，得隋马三千于赤岸泽。"高宗时期，马增加到70.6万匹，跨了四郡之地。唐玄宗年轻的时候，亲理马政，全国的马厩有多少，怎么分布他都管，在10年之间全国的马匹由24万匹增加到43万匹。而且唐朝也知人善用，在宁夏固原发现的"昭武九姓"（即粟特人）的墓地，说明他们之中有人担任马政官。东汉以来，皇家的马场都在祁连山以北；最近这些年实行改革开放，祁连山麓的山丹马场都要自负盈亏。马场的人算了一下，养马后交给国家换取的利润要比种粮食差得多，所以四个马场中已有三个改为种粮食。这与今天的主题不太相关，但也说明马现在虽然在某些情况下仍然有一定的作用，但毕竟时代不同了，用不了那么多马了。

作者摄于位于祁连山北麓自东汉以来即为皇家养马的"山丹马场"

绢和马可以互易。生产绢是农耕社会的特长，养马是游牧社会的生活方式。在绢马贸易之中，农耕与游牧两种社会彼此影响。任何两种不同文化遭遇都会有摩擦，之后又会相互影响并有某种程度的融合，即使融合得不好也会相互兼容。比如赵武灵王胡服骑射，就是农耕社会有意识地在器物文明方面模仿游牧社会。农耕的汉族席地而坐，所以用"设席"表示宴请。而早期过游牧生活的突厥语民族，使用一个"sofra"（皮制托盘）盛载食物，并用托盘把食物从一个帐篷送到另一个帐篷。位尊者要犒赏谁，就派人用一个"sofra"送一些美食到他的帐篷，于是在突厥语中，渐渐地就以"sofra"表示尊者的赐宴。今天在已经十分现代化的伊斯坦布尔，仍然有餐馆叫做"sofra"，正有如在北京有餐馆用明显属于定居社会的字眼，自称"什么居"或"什么楼"。

不同的社会可能用不同的方法满足一些共同的生活需要。基于生活习惯的不同，游牧社会用皮制的托盘，农耕社会就用瓷制器皿。游牧民族要骑马跑很远送食物，当然不会使用他们没有时间制造并且容易在运送食物时打破的瓷制盛具。

但是在两个文明接触的地区，两种社会的上层家族常常相互通婚，因此互通风俗。

在中国历史上，哪个将军派到西部、北部驻守，就常常与当地游牧民族的头目联姻。唐朝的开国之君李渊就来自这样一个家族，父亲是汉族的军事首长，母亲是突厥族。李渊又娶了一个突厥贵族的女儿，生了唐太宗李世民。

通婚会使风俗习惯相互融合。今天在北美洲，许多华裔女孩都嫁给了欧洲裔的男孩，风俗习惯融合的结果是在这样的混合婚姻的家庭中吃饭，经常是"筷子与刀叉齐飞，白粥共乳酪一色"。此外，男女双方都不以"爸爸"、"妈妈"称呼配偶的父母，更不会使用英语称谓中根本不存在的"伯伯"、"姑姑"、"舅舅"、"姨妈"、"姐夫"、"表嫂"这些名词。

其实，现在汉语的称谓中，有一小部分是从游牧民族借过来的。汉语中本来只有"兄"（"姊"）的称谓，没有"哥哥"（"姐姐"）。据学者考证，"哥哥"（"姐姐"）应该是从蒙古语借用过来的，早期叫"阿哥"（"阿姐"），用来称呼在近亲中比自己年长的男性（女性），可以是"叔叔"（"姑姑"），也可以是"堂兄"（"堂姐"）；后来在使用中为了符合汉语中重叠的习惯，"阿哥"（"阿姐"）就成了"哥哥"（"姐姐"）。

辈分对儒家来说极为重要，在儒家影响下汉族自然特别注重辈分，比如孔子的后代按辈分排，第78代现在可能已是花白老头，而第74代可能还是一个小孩，但第78代的老头要管第74代的那个小孩叫"族曾祖"。游牧民族不是这样，因为这里有生活方式不同而导致的观念上的不同。游牧民族经常要迁移，寡妇如果要守寡，没男人照顾，每年都要搬迁两次怎么办？所以在游牧民族里，娶寡嫂、娶继母是非常正常而且有时是非常人道的事。

游牧民族因为需要马镫和兵器，所以对铁的锻造很熟悉。其中很值得一提的是突厥人。他们在中国历史上最早出现时，正被柔然人役使，因为善于锻铁而称为锻奴。他们使用铁制的圆饼形马镫，骑者可以在马上做出起立回转等动作，这些再配合轻便强劲的双弧弓，使突厥人在战争中具有很大的优势，6世纪末发展为一个横跨东亚和中亚北部的游牧帝国。随后又因为部落之间的斗争和缺乏统御大帝国的能力而分化并分散。突厥各部落在许多地方与本地民族通婚，学习到许多不同的文化。由于说突厥语的民族在军事上和政治上属于强势，被统治的人逐渐改说突厥语，但又加上了本地的词汇、语法和特殊的发音。10世纪开始，突厥语民族居住的地区开始了伊斯兰化和突厥化的双重交融。原来游牧的突厥人在与定居民族融合后，放弃了游牧并大规模归宗伊斯兰教；而原来定居的农业人口被突厥人统治后，逐渐改说突厥语。目前突厥语民族分布的地区极广，方言有几十种，肤色和面部特征有非常大的差别，但是绝大多数都信奉伊斯兰教。他们在各地吸收了不同的文化，十分丰富多彩。

北方游牧民族善于使用轻便而强劲的双弧弓

游牧民族盛水和装酒的用具一般是皮制的，通常由一条羊腿皮缝制而成，但是定居民族看到这样的盛器形状，也就是用陶瓷工艺把瓷器制造成与皮制的盛器形状类似的器皿。这是互相学习的另一个例证。

丝绸和奢侈品的生产

且让我谈一谈丝绸生产与社会演变。尽管唐朝生产了许多丝绸，但唐朝的贵族并不需要穿丝绸来显示社会地位，因为贵族和俗人是不通婚的。贵族做很多其他奢靡的事情，进口很多好的东西来享受，但不太需要本地生产的丝绸。平民只准着布衣，因此丝绸的生产数量始终有限，主要用于外销和赏赐给进贡者。既然生产量有限，那么丝绸对整个经济的影响就不会很大。

宋代商业非常发达，社会渐趋平等，科举制度进一步完善，布衣可以致卿相，所以满身罗绮者就多了。因此丝绸消费大增，丝绸业很兴旺，而最好的丝绸是在江南一带。于是江南在宋代变成经济最发达的地区，经济发达后，文化也跟着上升，宋时开始江南各地的进士占全国很大的比例。相对而言，西北一带就逐渐落后了，这和丝绸的商品化是有关系的。商品社会逐渐形成，更多的人受益于丝绸业、纺织业。丝绸产量增加，导致价格下降。不能只对中国人下降，外国人来买的价格也下降了，所以宋朝以后丝绸外销增加，这又影响到宋代政府的外贸政策。宋朝政府需要对付强势的北方民族，养兵需要很多财政收入，而外贸征税是政府取得收入的一个越来越重要的手段，因此政府的贸易政策反过来也影响到丝绸业的兴旺。这些因素综合起来，可以看出，丝绸的生产对社会经济的演变、社会阶层的变迁，以及国防的支出都有很大的影响。

现在让我进一步从丝绸生产扩大到一般的奢侈品的生产。如果只是炫耀式的消费，这样的奢侈品生产对社会的贡献就是有限的，甚至是负面的，因为耗费了太多的资源和人力生产少数且用处不大的消费品，在有固定的买家和固定的产品的情况下，生产者没有什么创新和技术改革的动力，即使一天可以织 25 匹绢，但是之中 15 匹没有人买，那么不如只织 10 匹，不必为提高效率而改变生产方法。改革开放前中国的红旗牌轿车就是这样一个例子。因为只有部级的领导才能坐，也就是给中央首长用就可以了，那么生产红旗牌轿车的工厂就没有了创新的动力。只有在改革开放以后，长春汽车厂被迫和德国的奥迪合作，才有了改革的动力。奢侈品的消费量很大程度上取决于社会制度与政府政策，固化的社会阶层与社会流动性对经济发展有截然不同的影响。宋代朝廷承认社会流动性，比较实用主义，只要税收多就可以，因此推动了丝绸生产的扩张与技术革新。

讲了这么多古时候的丝绸与皮革的生产，我们现在再来看一下今天的丝绸业与皮革业。意大利（和其他西欧地区）从 11 世纪末到 13 世纪中，十字军一共东征了七次，第四次东征把目标转移了，本来计划到耶路撒冷打穆斯林，但是占领了同属于基督教的拜占庭帝国的首都君士坦丁堡。他们觉得这个地方很好，不用再往东前进了，于是俘虏了 2000 名拜占庭丝织工人，把他们带回意大利去养蚕、纺织丝绸。意大利宫廷在文艺复兴前及文艺复兴时期都很重视丝绸的生产和外销，因此意大利丝织技术迅猛发展，很快成为欧洲丝绸工业的中心。今天意大利仍然是世界上丝绸印染技术最为先进的国家，领先于产丝大国中国。目前中国是出口生丝和丝绸面料的第一大国；而意大利自 1972 年以后就不再生产生丝，但从中国等地进口丝绸面料和原材料，在此基础上再进行织造、后处理和印染——而这些正是意大利丝绸行业的优势。意大利丝绸行业的分工非常细，要在其中生存，必须具备灵活性与新的思路，因为其对创造力的要求非常高，而原材料的品质控制极为严格。

再讲一下皮革。意大利的皮革在欧洲和全世界也占据领先地位，皮革生产量占世界的 20%、欧洲的 65%。意大利是不产动物的，所以由中国和印度分别向意大利提供原料，意大利有 600～700 家企业具备全套生产加工皮革的能力。意大利的皮革工艺精致，设计时尚，只要挂上意大利制造标签的皮革，在消费者心目中就意味着档次高、质量优、花色品种齐全，世界一流。

丝绸的原产地是中国，2005 年世界十大产丝国中，中国远远领先，第二是印度，只占中国的 1/3 不到，然后是乌兹别克斯坦、巴西、伊朗等。30 年前日本的丝非常好，但他们渐渐觉得这个东西的竞争力不足，需要大量的人工，于是日本就不参与了，但真正的产值绝对是意大利最大。

今天我演讲的题目是丝绸与皮革，我先讲了很多历史，特别是农耕社会和游牧社会的关系。但是谈到丝绸业和皮革业的现状，目前在这两个行业里领先的都是意大利。意大利引导欧洲文艺复兴已经有 500 年的历史，商业发达已经近千年，文化发达超过 2000 年。如果要问文化和经济发展究竟相不相关，只要看看意大利的例子就会得到答案。但是，下一个问题是：文化里有没有创新力？ 这也是我在这几次讲座中最想强调的一点，大家可以想一想。谢谢！

提问环节

提问1：我注意到钱学森的一句话，大意是说为什么中国的大学在近几十年里没有培养出尖端的科技人才，您的看法是什么？

张信刚：很多人认为钱学森这样说过，我不能武断地说中国的大学没有培养出一流的创新人才，但我愿意做一个宏观的观察。这一百多年来，日本、韩国、中国先后进行了工业化，日本已经完成了工业化。欧美国家在工业化一百多年之后，都有很多创新，现在我们想到各种各样的交通工具、生产方法、管理制度都是欧美社会在工业化一百多年之后创造出来的。特别是美国，美国真正全面工业化是在南北战争前后，但是在不到50年的时间里就发明了飞机、无线电，等等，从这个标准来看，整个东亚的几个民族，即所谓儒家文化圈，在创新方面都是落后的。不能只说中国的学校没有培养出像样的人才，要探寻什么样的管理制度、什么样的社会风气、什么样的激励制度可以使人的创造力迸发出来。我不觉得欧美人的脑子和亚洲人不同，如果表现不同，一定有文化和制度方面的原因。钱学森老先生从美国回来，他自己做了如此大的贡献，他有这样的疑问一定有他的原因。

提问2：炫耀式的商品因为价格比较昂贵，所以竞争激烈，因为竞争激烈，所以创新应该激烈一些，能否这样说？

张信刚：不能这么说。有时因为使用者少、市场小，反而没有创新动力。假如进行技术改革，可以提高效率；假如大批量生产，可以降低成本。但劳斯莱斯这种属于炫耀式、奢侈型的汽车，还真不能随便进行生产方法的改革或是技术改革；海湾国家，如阿联酋的那些王公贵族们，想要的可能就是手工打造的劳斯莱斯，如果真做很多革新，人家反而可能不愿意买了。

提问3：刚才您提到景教，景教在大唐进行了传教活动，后来通过讲解佛教来传播教义，再后来唐武宗灭佛把它也灭了。为什么大家热衷于物质文化的传播，而每每提到精神文化就这么困难？

张信刚：你的问题很有意义，我简单说一下。一般来说，物质的东西，或技术的东西是价值观中立的（Value Neutral）；宗教哲学这些精神的东西是价值观的塑造者和携带者，不是价值中立的。景教是随"丝绸之路"进来的，唐武宗灭佛是灭外来的三教——佛教、摩尼教和景教，所以景教受到了打击。到蒙古成吉思汗时代，蒙古族大约有三分之一信奉景教，所以传教还是很成功的。我觉得文化与经济从来就是比翼双飞的，没有一个文化脱离了器物文明还能存在，但器物文明不构成人的心灵满足。价值判断和物质文化的进步是可以相辅相成的，所以我把这几个讲座叫"文化与经济"系列，也就是要和大家一起探讨这个问题。我本来既不是学文化的，也不是学经济的，站在这里和你们探讨，无非是年长几岁。你刚才的问题很有意义，值得进一步的讨论，但是我今天只能说这么多。

纸与硅片

- 从活字版到万维网
- 信息革命
- 数字生态系统——电信、资讯、娱乐、教育相遇在硅片上
- 网络世界——且看今日之域中,竟是谁家天下?

内容提要

造纸术和印刷术的发明，使人类传递信息的速度大大加快、广度不断扩展，而硅片的出现，形成了全新的传递信息、保存信息的方式。希望我们的先人发明的纸和活字版仍然有用，而其他民族发明的电脑、互联网和万维网，我们也能够充分利用和发展，并且用我们自己的文字充实网上的内容。借用电脑软件的词汇 C++，可以把振兴中华文化的工程称为 C++ 工程：C 代表中华文化，第一个"+"是说我们必须要认真严肃地反思中华文化里有哪些弱点，第二个"+"是说我们必须要积极地吸取其他民族的优点。

从活字版到万维网

1998 年 8 月，香港城市大学在我为期两年的筹划下，建立了一个中国文化中心。它的开张之举就是一个文化讲座。我很高兴地担任了第一次讲座的主讲人，题目是"从活字版到万维网"。

有了活字版之后，书的成本大大降低，书籍的出版量增加，拥有书的人增多，知识传播加快。到了 20 世纪后期，一种全新的传递信息、保存信息的方法出现了，那就是电脑、互联网、万维网。当时我对此表达了我的一些感想，希望我们的先人发明的活字版仍然是有用的，但是今天是别的民族发明了电脑、发明了互联网和万维网，我们也应该拿来充分利用，并且用我们自己的文字充实网上的内容。我记得我当时说的是，信息公路已经修建好了，但是信息公路上跑什么样的车要由大家决定。

我借用了电脑软件的词汇 C++，作为我自己想法的表现形式：C 代表中华文化，即 Chinese Culture（两个词都是以"C"打头），第一个"+"是说我们必须要认真严肃地反思中华文化里有哪些弱点，第二个"+"是说我们必须要积极地吸取其他民族的优点。我把振兴中华文化的工程称为 C++ 工程。当时华中理工大学校长杨叔子主编的一本《中国大学人文启思录》把我的演讲文稿《从活字版到万维网》收了进去。今天我要讲的"纸与硅片"恰巧与这篇文稿有联系。

先讲一下信息的传递。大家知道所有的生物都有自己传递信息的方法，但是人类传递信息的手段特别多。起初人类需要直接面对、直接接触才能传递信息。在汉语里，把善于思考的能力叫做聪明，也就是耳聪目明，换句话说就是，当你的视觉、听觉很灵敏的时候就可以吸收很多信息，这些信息在头脑中起到作用，那就是聪明。

先看一个以刺激视觉作为一种传递手段的例子，比如说点火，用火光传递某种信息，或是用火烧东西让它冒烟，以烟来传递信息，美洲的原住民就经常用这种方法。中国很早就有烽火台了，罗马人也很早就会用火传递信息。用反光镜把太阳光反射到别的地方去，也是一个例子。当然，其他物种也有它们传递信息的方式，但是没有人类的方法这么复杂。

美洲原住民用烟来传递信息

罗马人在海上用反光镜向岸上发送信号

以声音作为传递方式,最简单的就是敲打某件东西,比如打鼓、敲锣,另外就是喊叫。战士作战的时候吼叫,表示自己很强,做出声势。还有一种是大吹法螺,这不仅在宗教上使用,还有其他方面的作用。

文字——时间长河里的信息

作为传递信息的方式,"文字"由于可以留传久远,因此我把它称为在时间长河里的信息。"有史以来",是指有文字记载以来,而不是盘古开天辟地、没有文字记载的口传历史。现在最早的文字记录是美索不达米亚的苏美尔人6000年前发明的象形文字,主要刻在泥板上,有一部分是用画来讲故事,另一部分是用符号表示音节。我们的祖先使用得最早的具体文字,一种是在龟甲上面,另一种是在骨头上面,所以称为甲骨文。甲骨文有3500年的历史,属于方块字,是当今世界唯一仍在发源地继续使用的书写系统,虽然它也经过了几个阶段的演变,如大篆、小篆、隶书等。

埃及的文字也很古老，但在埃及的土地上先后有几种语言和文字，来自不同的民族和地域，先是古代埃及象形文字，之后简化为 Demotic 文字，接着是希腊人建立的托勒密王朝使用的古希腊文字，再后来是埃及考普特基督教参考希腊字母创新而成的考普特文字（Coptic Alphabet），最后是从 7 世纪起的阿拉伯文。从连续性和独特性来看，中国的文字应该是最珍贵的。虽然"五四"运动期间包括鲁迅都曾经赞成废除汉字，把汉字拉丁化，但我觉得如果他们知道今天有了电脑，使用汉字如此便捷，也就不会赞成废除汉字了。

古埃及象形文字

地中海东岸的腓尼基人(Phoenicians)说的是闪米特(Semetic)语系的语言，他们在公元前 11 世纪发明了简单易学的字母，用字母拼写语言。腓尼基字母只有 22 个辅音，没有元音。同样属于闪米特语族的希伯来语(Hebrew)采用了腓尼基字母的思路，只有辅音没有元音，创造了不同于腓尼基字母的希伯来字母。希腊人按腓尼基字母的思路发明了希腊字母，但因为希腊语和腓尼基语的结构不同，希腊人在辅音之外，增加了元音。拉丁字母是从希腊字母演变而来的，有辅音，也有元音。另一种闪米特语言——阿拉美语(Aramaic)在公元前四五世纪成为西亚的公共语言，耶稣讲的就是阿拉美语。阿拉美字母(Aramaic Script)也是由腓尼基字母演变而来的。后来成为重要语言的阿拉伯语也属于闪米特语族；阿拉伯人的字母是由阿拉美字母演变而来的，起初也没有元音。伊斯兰兴起后，为了避免对《古兰经》产生任何误解，采用了标元音的标音符号。今天世界上最为敌对的

腓尼基字母

犹太人和阿拉伯人其实在人种和语言上相当接近，今天的希伯来文与阿拉伯文的一般书籍和报纸仍然不标元音，读者要凭经验估计每个音节应该是什么元音。

信息革命

第一次信息革命："多快好省"

有了文字以后，文字写在什么地方？写在甲和骨上面，写在埃及的一种纸草（Papyrus）上面，刻在石头上面或者写在木头上面。考古人员在新疆发现的吐火罗文木简，是用梵文的字母写的新疆古代的语言，上面也有汉字。当穆罕默德开始讲《古兰经》的时候，有人拿一块棕榈皮把它写下来，也有人把它写在骆驼的骨头上。中国历史上做太监的人很多，但真正名垂青史的只有两位，一位是蔡伦，一位是郑和。蔡伦做的纸非常好，所以封了侯，他制作的纸被称为"蔡侯纸"。他造出来的纸是用各种各样的纤维碎片

新疆出土的吐火罗文木简

做的，质量很好，写在纸上比刻在竹子上面要便宜和便利得多。

751年的时候在中亚有一次军事冲突。唐朝在今天新疆库车设有安西节度使，当时他带了20000名士兵远离基地到楚河流域（今天的吉尔吉斯斯坦）的怛逻斯（Talas）与阿拉伯军队进行了一次交锋。这位节度使名叫高仙芝，是高丽人。他那一仗惨败，使唐朝在中亚的控制力从此由强转弱，对全世界的文化发展也起到了莫大的影响。20000多名士兵只有几百多人回来，其余几乎全数被俘。被俘的人员中有会造纸的工匠，于是阿拉伯人在附近的撒马尔罕建立了一座造纸的作坊，开始在中国境外造纸，并一直在伊斯兰世界享有盛誉。在阿拉伯人学会造纸术之前，《古兰经》都是抄在羊皮上的，一部《古兰经》要用2000只羊羔的皮。9世纪，造纸术传到巴格达；10世纪传到埃及；因为（从8世纪到15世纪）西班牙由穆斯林统治，所以造纸术在11世纪传到了西班牙。12世纪，西班牙北部开始有造纸作坊，大约在1250年左右，也就是十字军东征和蒙古人西征同时发生的年代，法国有了第一个造纸作坊。后来欧洲人占领美洲，把造纸术带到美洲去。至于中国的东邻高丽和日本，学到造纸术都比较早。因此，全世界用纸来书写和印刷是751年那一仗的结果。

说到造纸就不能不说印刷术。写在纸上当然很便捷，但是如果要大量传播信息，在纸上一页一页地抄，还是要花好多时间，工作量还是很大。虽然一张纸的成本不高，但是要抄完一页内容，成本还是很高的。印刷术与纸相辅相成：印刷术是把字刻在一个板上，可以印几百甚至上千册，所以书籍就广为流传了，书的流传使能接受教育的人增加了，社会上的人的整体文化素质也就提高了，社会的组织、经济和文化的发展也就走上了一条兴旺的道路。印刷术的传播路线基本上和纸的传播是差不多的。印刷术有两种，一种叫做刻板印刷术，另一种叫做活字版印刷术。刻板印刷就是用一块雕版木头或者一块雕刻过的泥块凝固之后抹上墨印。佛像用刻板印刷比较方便。毕昇的活字版印刷是把泥塑的字模排在一个木制的盘子里，而最早用金属做字模的是高丽人，当然也可以用其他材料替代泥土和金属。另外，活字板可以把文字归类，常用的字多造几个，放在那里随时取用。活字版印刷持续了1000年，一直到近年来北大方正研发出激光排版才有了真正的改变。以前每次报纸或刊物出错，不论是作者还是编辑疏忽，都说是"手民误植"，就是说负责排字的工人拿错了字，或是摆错了地方。

《古兰经》

《圣经》

有了纸和印刷术之后，出版《古兰经》就便宜得多了。我举这个做例子是因为汉文《古兰经》的译者马坚教授是北京大学阿拉伯语系的教授。左图简体字版的《古兰经》是他从1951年开始翻译的，1978年正式出版。为了证明我是不偏不倚的，左下图是基督教的《圣经》。说到基督教的《圣经》，活字版印刷在欧洲真正盛行大概是16世纪。一般欧洲人都认为活字版印刷是德国人古登堡（Gutenberg）发明的，并没有借鉴毕昇的发明。我也没有理由反对这样的说法，因为拼音文字和方块字的排版方法的确不同。古登堡用他的方法印刷了《圣经》，为此还欠了不少债。不久之后，马丁·路德开始在莱茵河地区倡导对基督教的改革和对《圣经》新的诠释，得到不少日耳曼王公贵族的支持，但他却被罗马教皇开除了教籍。他最重要的理念是：信徒可以直接和上帝沟通，不必通过教士。其实马丁·路德本来是一个神父，他掀起宗教改革运动之后，主张教士可以结婚，他也和一个修女结为夫妻。马丁·路德说过："上帝给我们最大的恩赐就是纸和印刷术。"

15世纪开始书籍快速增长，这当然跟纸和印刷术的出现有关系。其实，把整个中世纪的西欧都说成是处于"黑暗时代"太简单化了。北方日耳曼人的入侵，破坏了罗马人所建立的帝国制度和经济运作模式，交通道路受损，行政系统失效，所以各地贵族各自为政，实行自给自足的庄园经济。当时社会的发展比较慢，复苏的速度不够快，但是中世纪的欧洲的确是慢慢复苏了，并在罗马帝国的废墟上建立了新的欧洲，其中包括市民经济、文艺复兴、民族国家等人类历史上的大事。在这个过程中，纸和印刷术扮演了重要的角色。

学者考证，6世纪的欧洲共创作或抄写了1.3万多册书，15世纪时共创作或抄写了近500万册书，增加了300多倍。由此可见，欧洲的文化在这1000年间不是一片黑暗，而是有很大的进步。但是自从有了纸和印刷术之后，欧洲出版书籍的数量就突飞猛进了，15世纪下半叶欧洲印刷书籍的总量是1260万册，到了18世纪下半叶印书总数量就上升到63000万册左右。

因为中外文字不相通，而且中国过去的线装书一册又分好几卷，所以很难比较中国和欧洲在同一个时期内的书籍出版总数。无论如何，《四库全书》可以说是中国图书馆学第一大工程，编辑和抄写了四套，各有8万卷3.6万多册，分成经、史、子、集四部。

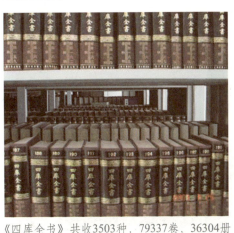

《四库全书》共收3503种，79337卷，36304册

明朝大概印刷了3.5万本书，按人口来说明朝当时大概有3000多万人，所以总的说来印刷量不算大，但对其他民族来说这是一个很大的数字。数目大了，所以会读书的人越来越多，书也就越印越多了，除了书还有报纸、杂志、广告和其他刊物。统计起来难度很大，就

是有了这样的统计,也难以解释它的意义。

第二次信息革命:"永不消逝的电波"

1844年时英国人摩斯(Morse)开始利用人的听觉传递信息,把电波变成或长或短的声音,用一套大家同意的长短交替的声音代表每一个字母。就是用这种方法,好的电报员可以发出清晰的信号,然后译成文字,交给该看到这个信息的人,这就是电报。电报使用不久,北美洲的贝尔(Bell)又发明了电话。电话刚出来的时候,电报在英国已经很流行。伦敦电报公司的经理说,我们的电报可以传递一切需要传递的信息,我们的电报员人数足够,电报线的数量也足够,倘若真的发生问题,我们拿着原稿派骑自行车的小男孩送过去不就得了吗?出于这种想法,他拒绝与电话公司合作。假如当时电报局入股电话局的话,与现在相比肯定会是两种结果。而今天,电报早已经退出历史舞台了。电话则是因为行动电话(手机)的出现而方兴未艾。同样是利用电波传递声波,爱迪生发明了留声机。爱迪生还发明了电影,他利用人的眼睛有视觉暂留这个生理现象,发明了用动画来说故事的设备。

英国人摩斯发明的电报机

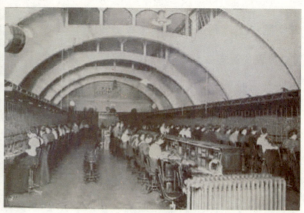

早期美国电话公司的总机接线室

我刚刚提到，中国人认为聪明就是耳聪目明，也就是要利用人的听觉、视觉来传递信息，文字是利用人的视觉，而音乐、留声机、电话、电报都是利用人的听觉。有声电影是把视觉和听觉统一起来，而可以利用的手段简直是日新月异。

雷达是视觉，不是听觉，但是雷达是利用电磁波传递信号。另外还有 X-光。右图是柯达照的第一张 X-光照片，那时候已经有照相机了。照相机是利用可见光让感光胶片显出影像。有了照相机以后，专门为人画肖像的人挣钱就难了，画得再像也没有照相机拍出来的照片像，所以他们就开始说不要画得太像，这就是印象派绘画的来源。印象派画家是在照相机的压力之下做出改变的。不过照相机再好，只能照出皮肤和外表，看不到内脏，而 X-光是利用微小的粒子，穿透力很强，能够穿透人的内脏，除非你身上有很厚的一层铅的遮挡物。

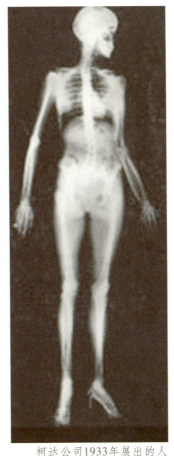

柯达公司1933年展出的人体全身X-光片

历史上有一个很惨的人，叫阿姆斯特朗（Armstrong），他在 1904 年就发明了无线电收音机，但一直没拿到专利权，反而被马可尼拿到了。后来美国法院为他平反，到 1956 年认定这个专利应该属于他，但那时他已经去世很多年了。

可能各位并不知道，全世界第一个想到利用无线电广播这个新的技术从事商业行为的是匹兹堡的一个大亨，叫做乔治·威斯汀豪斯 (George Westinghouse)，他是第一个设立商业无线电台网络的人。我在匹兹堡大学担任过工学院院长,很清楚他的成就,也知道他所创立的电气公司和爱迪生所创的电气公司为了交流电和直流电孰优孰劣而展开的长期斗争。

电视机的原理大概在第二次世界大战期间就已经弄清楚了,但由于战争的原因,直到1947年美国才正式开始电视广播。

总之,雷达、X-光、收音机、电视是人类第二次信息革命的辉煌成就,它们都已经超过了技术革新的范畴,是科学革命的果实。

第三次信息革命:微观世界的巨礼

1900年,德国物理学家普兰克(Planck)首先对物质的微观运动提出了量子理论,对电子环绕原子核运动时的能量做出理论探讨;他认为电子的能量可以按几个不同的层次变化,即所谓的"quantum jump",而不是连续性的变化。用这个概念可以解释很多物理现象。在这个理论的指导之下,美国斯坦福大学的斯托克利(Stokley)教授在20世纪50年代提出了半导体的理论(即某些元素在一般情况下是绝缘体,但在某些特定情况下可以导电),因此得到了诺贝尔物理学奖。随即有人利用半导体的特性设计出以前要用真空管才能制成的复杂电路,因而推出了许多轻便可靠而成本大为降低的电子产品,如半导体收音机。

和半导体有关的一个数学概念早已存在,那就是与牛顿同时发明微积分的德国数学家、哲学家莱布尼兹(Leibnitz)的二进位(Binary)数学。他对中国的《易经》里无极和太极、阴和阳的理论很感兴趣,对人类的数字必须是十进位产生了疑问。他设想了一套二进位的数学,即只有0与1两个数字,1+1=10,10+1=11,11+1=100。自从有了半导体,250年前莱布尼兹发明的智力游戏般的二进位数学就变得有用了。一个半导体有的时候导电,有的时候不导电;如果导电状态用1来表示,不导电状态用0来表示,那么把一系列的半导体排在一起时,就可以用一系列的0与1来表示这些半导体的状态。反过来看，假如我想传递一个信息，而我能够把这个信息（无论是声音的、文字的还是图像的）按照某一个系统（如五线谱、摩斯电码）加以数字化，并把这些数字用二进位数学的方式表述，那么我就可以用有时导电、有时不导电的半导体电路来把这个信息传递到远端。

硅是一个俯拾皆是的元素，但它的原子结构使它能够成为很好用的半导体。把代表某一个信息的复杂电路印刻在一小块硅片上，再把这个硅片通上电，这个硅片就成了与在纸上书写或是图画一样有效的信息媒介。这就是硅片的基本原理，而这也就是我要把今晚的讲题定为"纸与硅片"的原因。

这里我不免要说自己的一个小故事。1963年我在斯坦福大学念研究生，当时有几个比较熟的中国同学，每个周末总是想出去吃一顿中餐。有一次，我们去校园不远处的一家广东餐馆吃饭，叫了几个菜，包括我很爱吃的豉油鸡。我的一个好朋友跟我说他正忙得厉害，我问他忙什么，他说他的教授最近有一个大项目，研究如何可以不用焊接，直接把包括十几个电晶体（Transistors）的线路刻印在一块像小指头的指甲盖那么大的硅片上，这个东西叫做集成电路（Integrated Circuit，IC），将会是一个大热门。我当时因为只顾着吃豉油鸡，没有仔细想这个朋友的话的实际意义。我曾经跟他说我对结构工程的兴趣不是很浓，他问我想不想转到他那行，我说怕要补修很多本科的基础课，拿不到奖学金。当天我没有听明白IC是一个新兴的热门这个信息。这位朋友后来做到英特尔（Intel）公司的高级副总裁，负责制造Pentium系列的硅片，每个硅片上可以刻印有几千万个电晶体的超大型集成电路。而40年前他孜孜不倦研究的是把十几个电晶体刻印在一块硅片上！

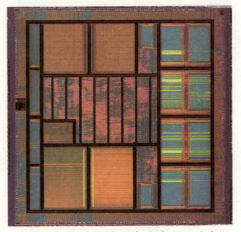

集成电路——在一个芯片上可以有记忆储存、逻辑、输入、输出等功能

纳米（Nanometer）就是1米的十亿分之一。这些硅片现在的存储量大得不得了。现在有人做出来可以弯卷的电子书，往口袋里一塞，随身携带，非常方便。CD-ROM与爱迪生发明的留声机唱片有相似之处，但是只有两个层次，有小凹坑的就是0，没有小凹坑的就是1，用激光一照，就可以看到几十亿、几千亿个坑或者非坑，一整部百科全书都可以放到一张CD-ROM里面去。

今天的问题已经不是集成电路能造到多小的问题，太小也不行，因为一旦小到比量子理论的适用极限还小（即所谓的"量子井"），就不管用了。可是在线路的密度还没有到那个程度之前，通电时散热的问题很棘手。这告诉我们，人类对微观世界的科学认识越是清楚，微观世界给我们的回报就越大。科学无止境，正是这个意思。

早期的电话首先是利用电波传递音波触及我们的听觉。现在的3G电话是用电磁波传递数字化的信息触及我们的听觉和视觉。但是，科学和技术的创新都得有一个过程。1956年就有人想到移动电话，但在市场上没有成功；1964年又有人这样想，也没有成功。1974年美国有人想到在汽车上把电话插上电源，制成随车行动的汽车电话。到了20世纪80年代大家都喜欢上了可以拿着到处走的电话，当时这种电话的体积还很大，拿在手上很引人注目，是身份的象征，所以叫做"大哥大"。起初是摩托罗拉(Motorola)的最吃香，后来体积越变越小，功能越来越多。现在最时髦的一款是美国设计、中国制造的iPhone，什么都能干。

所以我说电信、媒体、教育、娱乐相遇在硅片上。视频对话、看书、看报纸、玩游戏、听歌，这些东西统统汇合在一个设备上面，统统在宽带和互联网上实现，并且都在硅片上相遇。现在全世界各主要国家的媒体都在想办法在这个"相遇"中使自己的国家进步得最快，而不是被甩在后面。

数字生态系统——电信、资讯、娱乐、教育相遇在硅片上

达沃斯世界经济论坛上谈到过两个问题：一是在数字化的世界里，未来社会和经济的价值创造应该是由工业领导，还是由国家或社区机构领导？二是未来数字化的商业环境会更为开放还是更为封闭？这两个问题我今天只是提出来，没有时间也没有足够的资料来探讨它们。

20世纪80年代末期，有人说人的神经传递系统会因为疾病或受伤而断裂，但是如果让神经细胞长在一个硅片上使二者合一，那么用硅片把中枢神经的指令传到芯片里面，就可以由芯片指挥下游的肌肉和骨骼，去执行中枢神经的指令。这个想法虽然还没有大规模推广，但已经有不少成功的例子。现在有些科研团队想到利用在电脑上搜索文件的方法与人的大脑同步思考，这样就可以通过高度敏

感的传感器将思考时产生的脑电波作为指令信号，创造和寻找信息。也就是说，大脑想要开一个文件夹，可以不必用滑鼠或键盘在电脑上达成任务，而只要脑中植入一个传感器就可以心想事成。英特尔目前就在开发这个技术，用脑波的电来指挥电脑的运作。我欢迎这个办法，因为我的电脑技术很差，老是找不到想要的东西！

我们现在讲的还只是一个无机的硅片。除了纸，第二个就是硅片，下一个可能的发展方向是利用生物细胞里早就存在的存储和转变信息的DNA。每一个人类细胞的细胞核里面都有26对染色体，每一对染色体里面有很多DNA分子，里面的信息储存量非常大，假如我们能把细胞里的DNA作为下一个阶段的U盘，那我们就不需要制造，改变DNA的序列就可以了。假如是这样的话，这个讲座的题目就可以改为"纸、硅片与细胞"了。

网络世界——且看今日之域中，竟是谁家天下？

最后，我想讲一下网络世界。1994年才有万维网，互联网则是1971年由23台电脑用电话线连起来组成的。但40年后的今天，几亿台电脑都连在一块了。互联网和万维网是从美国开始的，所以基本的规则是由美国制定的。全世界各个国家都有一个域名（比如".cn"），唯独美国不用；迄今为止，有".gov"、".org"、".com"、".edu"这四个类别。中国最近经过争取，可以使用汉字".中国"了。我时常想，20年之后的网络世界会是怎样的呢？

唐朝武则天称帝，徐敬业起兵讨伐，由骆宾王写了一篇檄文，结尾一句是："请看今日之域中，竟是谁家天下！"骆宾王所用的这个"域"字当然不是指互联网的域名，但是我今天还是愿意引用这句话，因为我们目前和徐敬业有相同的地方，意气豪迈而力量不足，所以这句话虽然铿锵有力，但功效未必如意。且让我说明我的几点看法。

首先，全球网民数目的增长速度不可想象。2000年全世界只有5.8%的人是网民，到2009年26.6%的人都是网民了，增加了5倍左右，这其中增加最快的国家就是中国和印度。由于前10名的国家的统计是在欧美做的，他们对于中国的数字不是很清楚，所以没有把中国的数据放进去，大致是按百分比来计算的。我查到现在中国网民的数目全世界第一，有3.84亿人，占全国人口的1/4强。而美国、日本、英国、韩国、加拿大的网民都差不多占3/4左右。这样的数据说明，他们总人口在生活中受互联网的影响或得到的益处、信息量要比中国大得多得多。

但这里就产生了一个问题，这些国家的互联网里面的内容是什么？他们用什么语言与文字？99%的中国网民用的都是汉语和汉字。许多人说我们要把中国文化外传，使外国人也能看得懂我们的网站，实际上会是那么简单的吗？我们用的是汉语和汉字，用这样的想法、内涵、价值观与人家交流，不是很方便，因为那些国家绝大多数的网民不懂汉语和汉字，但是很多人都会英语，而且这个趋势越来越明显；包括中国在内，会英语的人口比例一直在上升。所以现在不只是一个谁人数多的问题，还有谁的语言能够被大家用和喜欢用的问题。

在中国范围内有3/4的人没有上网，他们能享受到的一些东西，以及他们自己形成的对世界的认识和那1/4强的人口就有距离了，这就是所谓的"数字鸿沟"。数字鸿沟的含义有两个：一个是说对于数字化所需要的硬件设备的要求，不管是制造、使用还是维修，由于较落后，因此网络不发达；另外一个是人们对于使用网络的兴趣以及他们所接受到的训练不足，即使有好的设备，他们仍然不会使用，比如一个人文字上就不过关，基本上还是个文盲，这样使用极为难学的汉字网络有什么意义呢？

还有一点,在网络这个世界里面有两种倾向,即两极分化,这其实跟书一样,只不过放大了很多倍。网络有几个特质。一是网络上人人可以参与讨论,而过去文化的发展只是一些专家、精英们在做研究,其他人只是去学习,把专家、精英们的知识当做既定的知识。二是鱼龙混杂,现在互联网的普及运用造成的结果是,上网搜索自己想要的东西就认为正确的答案就是这样了,其实不然,错误很多。网络的好处是人人都可以参加,坏处就在于没办法判定网络上的信息的真伪。当我翻到一本百科全书的时候,我 99% 的情况下是相信它的,但上网浏览信息时很多时候我不敢相信它所提供的信息的准确性。

网站确实是推广知识的手段,但是也容易产生误用和误导。今天我们还无法知道将来的人类会怎样选择。这是一个很大的问题,必须严肃讨论,认真面对。

最后我还想讲一点。网站有助于下情上达,但是它容易扰乱一个社会既有的行政体系,好像大家都变得非常平等了,其实社会原有的机制却被颠覆了。也就是说任何时候当一项新技术被创新出来后,新的社会生活方式必然由此产生,原有的社会秩序、原有的思维模式、原有的工作方法都会受到冲击。这就是为什么我在这一节的标题中用的是一个问号,而不是一个句号。谢谢!

提问环节

提问1：第一个问题，佛教传入中国对于中国文化的影响是什么？假如没有佛教今天的中国会是怎样的？第二个问题，未来纸和印刷术会不会消失？

张信刚：我至少可以说很清楚一件事情，那就是过去的儒家也好、道家也好，特别是儒家，对于生命形成的原因，对生命的过去和将来不太重视，特别重视的是今世。儒家在今天仍然占据主要地位，佛家只是一个补充。当官的有可能私下拜佛，但在公众事务中一般是拿儒家思想作为自己的准则。第二，按中国的一位大师的说法，中国的知识分子在外面的表现是儒家，但是回到家里还是想长生不老、修行，等等。我想到的一个例子就是苏东坡，苏东坡的文章都是儒家的，但那些词和小品大半都是道家的。给我的教训是，中华文化的融合性真是很强，而且相冲突的意识形态都可以在同一个人的脑中存在。

第二个问题，纸和印刷术会不会消失我不知道，我只想说在我们能看到的未来纸会少造，但绝不会不用，有的人还说因为纸越来越便宜，打印出来很方便，不需要的东西也噼里啪啦打印出来，没看两眼就扔了，我觉得纸的使用只会由于人们环保意识的增加而减少，而不会由于其他原因而减少。

主持人：我倒有个问题想问张教授，中央电视台列举了各国网络军队的从业人数以及战斗力，说中国也要在经济强大以后建立自己的网络军队，对此我不是太理解。

张信刚：保家卫土开始是指保卫地理疆界，但在网络时代，保护家园的概念就不限于地理疆域了。既然网站在全世界各国中占据这样重要的地位，网络的恐怖主义或者网络的突袭绝对是可能的。所以网络安全是很重要的，这不只是防范敌人，也要防范意外错误的发生。比如说网络弄得不好，银行的账户信息通通丢失了，政府发工资的系统崩溃了，那怎么办呢？可能由于自己维持得不善也会产生这样的问题。

我再多讲一句话，一位数学家是研究数论的，过去不被人重视，而现在这位数学家正当红，因为所有的大公司都请他去，用他的数论编一套加密方法，这样就不会被别人轻易地侵入了。

提问2：1999年我接触到搜索引擎，想搜索到有用的信息也比较快，而现在搜索速度却越来越慢，效率反倒不如回到图书馆里去找，今天的互联网为什么会这样？

张信刚：这有点像开汽车跟骑自行车的情形。这是网络的管理、经营问题，因为硬件的设备不停地被更新，使用的人多了道路就堵塞起来了，如果还用原来的交通规则来管理就不行了。

主持人：这位先生的问题是，今天的信息大爆炸，太多了，精华很少。

张信刚：我讲过一个问题，因为谁都可以把信息放到网上去，虽然现在互联网有一些管理的方法，但仍然不是很严谨的管理方法，数量这样大的东西并不能管理得很好，还是个网络管理问题。

提问3：今天在互联网上有很多失效的信息，未来会不会有这样一种技术，即在过去的错误源上做一个记号，把正确的信息更新过来，错误的信息抛弃掉？

张信刚：我同意你讲的。我在香港给EMBA的学生讲课时说过，今天坐在这里听课的人可能就是未来大IT公司的CEO。如果这些人年轻时对于IT了解不多，将来就可能会做出错的判断。对于复杂的互联网，人们至今都还处在摸索阶段。我相信全世界多数用网络的人都会英语，这就验证了信息不对称的问题。今天我们在中国说起牛顿、莎士比亚大家都会知道一点，但你要问一般的欧美大学生李时珍、罗贯中是谁，他们肯定不会知道。

提问4：从纸到硅片再到细胞，都是信息存储的载体，信息量越来越多，压力会不会越来越大？中华文化在信息革命发展过程中的突围点在哪？我觉得现在是英文在统治所有的信息。

张信刚：现在的突围点我还想不出来。前面的问题，任何的新技术都有它的标杆，包括纸、硅片、细胞都有这个问题，比如说最早的人作战时站在那里手执一把很粗很钝的铜剑就可以了，等到出现铁器之后，就有了另外一种作战方式，等有了马之后又改变了。我们现代人所面对的挑战，一代人要遇到好几次，而古代是几代甚至几十代人才遇到一次。所以我们这些人受到的压力就大，应对变化的能力的要求就特别高。我自己在外国住了很久，很知道不在一个汉语环境里面的人想要把汉字和汉语学好有多困难，不在英语的环境里想把英语学好也困难，但是绝对要容易一些。我觉得有人有很天真的想法，说只要我们的网站多了，我们的东学就会西渐。东学西渐必须要有一个诱因，他们不可能废除自己的语言去学汉语，中国人学汉语是在两千多年中逐渐形成的，难道我们能让非汉语国家用几十年的时间走完中国社会融合和发展几千年的道路？所以我觉得不同语言的鸿沟还是很大的，大家都用电脑，但是分英语派、非英语派，这之间有一定的差别。

提问5：如果我给父亲买了电脑，但他不会上网，怎么办？也就是说中国会有很多人的信息是不对称的，不仅仅是数字鸿沟，也面对着生活中与前辈的鸿沟。您也是前辈，在这方面您是怎么看待我们这一代面临的现象的？另外您是怎么平衡生活中这么多关系的？比如夫妻之间的关系。

张信刚：最后一个问题好回答，就是我夫人叫我做什么我就做什么，不需要平衡与对称！

信息确实不对称。信息是人人都可以取得的，但是由于人的动机的不同和手段的优劣，就会有所不同。如果他用起电脑来很慢，搜一个东西搜不到就会失去兴趣。在同一个社会，由于数字鸿沟引起的信息不对称就会引起大家的不同意见。另外在整个世界里面，我们不能否认在任何一个时代都有一股比较强的力量具有强的话语权，也就是议程的设定，议程的设定往往取决于一群力量很强大的人，因为这些人的思想差不多。

提问6：我现在的希望是中国能够出现在世界上取得很大成就的人，现在不知道能够做一些什么样的事情使中国人的影响力更大一些，使中国的文化更好地推广出去，也就是说您说的东学西渐，中国有一种说法是厚积薄发，不知道这个问题您怎么回答？

张信刚：这个问题比较难以回答，在任何一个社会、任何一个国家，当大家由于某种原因，无论是由于书籍的影响，还是由于耳语的影响，大致形成一种看法时，风气就形成了。即使如此，在近一百年来，每次世博会都有新的东西推出来，特别是在美国展出的时候每次都有很新奇的东西出现。中国的GDP现在固然很大，但是整体说来新的东西、新的概念、新的理念从我们这里出来的还是非常之少，甚至连CPU还造不好，这是我从事这方面工作的同事说的。也就是说我们的创造力还不是很强，如果说我们的基因里没有创造力，那肯定不对，我们不都是过去中国大发明家的子孙吗？看来原因要么就是中国教育制度的问题，要么就是社会激励制度的问题。社会越来越富裕，积累了大量的财富，但这些财富与发挥出来的创造力不相配，希望能引起大家的严肃思考。

亚欧大陆上的文明发展与文化交流

- 古代的四大文明
- 研究文明与历史的方法——"张氏流体力学"解析
- 文明的特质
- 宗教传播
- 文字传播
- 全球化时代的文明交流

内容提要

人类所有的进步都是不断交流、不断融合的产物。如果没有交流与融合，就不会有亚欧大陆文明和"丝绸之路"的出现了。亚欧大陆的发展与人口规模和开放性有很大的关系。其实人类自古以来就朝着全球化的方向前进，只不过现在速度越来越快了，相信现在的全球化对人类文明的推进是一件好事，因为未来地球上的每一个人都可以分享世界上任何一个地方所创造的知识成果。另外，文明发展也包含着纠正工业化以来被破坏了的人与自然的关系。

亚欧大陆就是指亚洲与欧洲合起来，是地球上最大的一片陆地。自北向南，先是以乌拉尔山脉为界，向南以里海中线为界，再往西以博斯普鲁斯海峡为界，分为亚洲和欧洲。本是一个大陆，界线是人为的。乌拉尔山是一个山脉，用它隔开亚欧两洲还有些道理，没有什么特别的原因要以里海和博斯普鲁斯海峡的中线为界。

"文明"（Civilization）和"文化"（Culture）都是近代的词汇。在欧洲语言里，Culture 都是从拉丁文字根"Cultura"演变而来的，意思是"耕耘"、"培养"。文化一般是指较为抽象的价值观、审美观、社会制度等；而"文明"则是从 Civitas 这个拉丁文来的，是公民或者城市的意思，也就是说能够聚集在一起成为一个城市，形成一种生活的规则。

"文明"、"文化"的来源不同，但都是农业社会的产物。19世纪开始有学者把"文明"和"文化"做了区分，我在这里也跟着做了区分，虽然有时是很难区分的。

这次为什么要特别提亚欧大陆呢？因为根据今天大多数人类学家的看法（未必一定准确），人类不是在亚欧大陆上出现的，而是由非洲走出来的，这就是"走出非洲"的理论。两个月前在 Nature 杂志上，有一篇文章对440万年前的一种类人类（Homonid）做了描述。总而言之，几百万年前，人猿类的一支仍生活在非洲树林中的树上。后来树林开始变稀落了，所以他们要下来在草原上生活，慢慢地，手或是前肢就离地了。有一部分在三四百万年前就开始用双脚站立并且直立行走；根据化石得知，直立之后，脑容积就越来越大了。你可以想象一头牛、一只羊、一匹马的脑袋如果太大的话，脖子是支撑不住的，但人的颈椎就能支撑较重的头。几百万年的类人类，是人类的前身，他们的某些后代就是我们的祖先。现在看来他们并不是北京猿人那一支的后裔，而是被称为"智人"的一支，脑容量比以前已经增加了一倍多，个子也高了一点，最早在一米零几，后来一米二、一米三的样子，然后到现在一米六、一米七这样的高度。

人的皮肤有的极黑、有的极白，鼻子有的极尖、有的极扁。最近经遗传学家推算，5万年之前，这些人的祖先有可能来自同一个家族。而人类学家从东非、坦桑尼亚和埃塞俄比亚的化石推断，认为10万～20万年前现代智人的祖先就是从这个地方出来的，于是就"走出非洲"了。

320万年前的女性骨架"露茜"

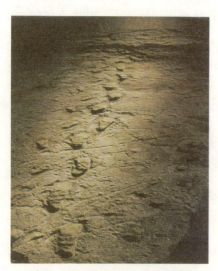

肯尼亚发现的200万年前的足印

左图是我在埃塞俄比亚照的一张照片。人们称这个女性化石骨架为"露茜",她身高一米二,直立行走,手离地相当远。大家知道,动物园里的大猩猩,也可以用双脚行走,但是走两步就要用手撑一下地面以保持平衡;直立行走是人类的第一阶段,走路基本上不用手;第二阶段,脑容量变大了,叫智人,再往后的就是现代智人。

在肯尼亚有一块化石是200万年前的一些两脚走路的类人类留下来的走路的痕迹,我们现在真正是踏着他们的脚印前进,一直前进到文明时代。

一部分学者对"文明"有一个界定。"文明"很重要的一部分是衣食住行的方式,现代智人创造出不同于任何其他动物获取食物、取暖和交通的方法。差不多一万年前,从历史学家所说的新石器时代开始,我们有了两种不同的文明方式——农耕与游牧;这两种文明是互相联系并且难分先后和优劣的。遗憾的是,最早写历史的人,无论在亚洲、非洲或欧洲,都来自农耕社会,所以观点基本上是农耕人口的,即"文明"指的是农耕的生活方式。

相对于"文明"的就是"野蛮"。"野蛮"（Barbaric）这个词出自于希腊人，他们认为不文明的人说话的声音像是"吧吧"（Barbar）乱叫，就称他们为"野蛮人"（Barbarians）。

在亚欧大陆首先产生了一个现象，就是人类懂得自己去种植，不再只是采集食物；还有就是不再只是猎杀动物，而是想出办法驯化动物。这就是文明的起源。

马在20世纪以前是人类最好的战争工具。但人开始驯化马的时候，没想到它可以载重，更没想到它能替人作战，只是想吃它的肉。马的脖子长，头可以抬得很高，双眼在头两侧的高端，因此不但能看到很远，而且视角广阔。马的听力也很好，容易听到人的命令。人们还发现马的方向感和记忆力都很好，所以说"老马识途"。马作为人的战争工具和伙伴的时候，游牧者就比农耕者占了很大的优势。所以在历史上往往是"蛮族"入侵，比如说匈奴人南下抢掠，他们在马背上，步兵根本不是他们的对手，速度快，抢了就跑。所以中原守军一般先是守不住，后是追不上。中原王朝于是修了一道长城，马虽然跑得很快，但是跳不了多高。在欧洲，罗马帝国一样也修长城，只不过那个长城没有中国的长，后来又垮了，所以不太为人所知。

骆驼有两种，阿拉伯骆驼是单驼峰的，中亚都是双峰骆驼，因此'丝绸之路'上的骆驼是双峰的。驼峰可以储存很多营养，饿了、渴了就消耗驼峰里的能量。另外，骆驼的脚掌可以适应很多复杂的地面情况，所以它在人类发展过程中也很重要，而它恰恰也是由游牧民族所掌握的，农耕社会一般不会养骆驼，农民只是养些鸡、鸭、兔子、猪等。

猪是8000年前在中国被驯化的，所以汉字的"家"字是上面一个屋顶，下面一头猪。马、驴和牛差不多都是6000多年前被驯化的，稍后的水牛最早也是在中国被驯化的。这是人类文明最早的进程：第一是懂得种植，第二是驯化了多种动物，这些动物始终伴随着人类的成长，今天依然如此。

古代的四大文明

我举四个例子，有人称之为古代的"四大文明"：美索不达米亚、尼罗河流域、印度河谷、黄河流域。

文明是互相往来的。有人问：为什么美洲、非洲、大洋洲的早期文明不怎么发达，而人类最主要的文明都在亚欧大陆上？

第一个理由，亚洲和欧洲是相联通的，并且是东西向的，可以在大约同一个纬度上相似的气温下来往。亚欧大陆主要的交通线就是东西向的"丝绸之路"。非洲和美洲大陆是南北向的，要穿过不同的纬度、经过不同的气候才能远程交通，所以信息的来往和物资的运送都不容易。

第二个理由，就是刚刚讲到的那些动物。撒哈拉沙漠以南的非洲和美洲大陆都没有能够负重的动物，如牛、驴、马、骆驼等，所以货品的流通和人的交流都不容易。

第三个理由，是亚欧大陆的海岸线很长，弯弯曲曲的，地中海尤其如此，坐个小船就可以沿海岸航行到很远的地方，所以即使没有负重的动物也可以运送货物。可是要想从非洲大陆或美洲大陆的中部到远方，实在太难了。由于它们的海岸线的长度和面积之比很小，因此很不利于航海。

这三个理由使得亚欧大陆互相之间的交往比较频繁。没有交流和比较，光靠本地人的经验和能力，文明的发展就要困难多了。非洲和美洲大陆的地理及生物条件确实比不上亚欧大陆。那些认为这是因为非洲人和美洲人比较愚蠢和慵懒的看法是站不住脚的。在宏观历史的研究中，有一句话："地理决定历史"，非常有道理。

人类开始种植大概是8000年前，动物的驯化大约也在这个时期，农业和牧业的发展在时间上差不多。而一个地方如果只适合放牧，不适合农耕，在这里生活的人就必须靠畜牧才能取得他们的生活资源。夏天一过，畜牧地区的草就不够了，还要找避寒的位置，因此就需要迁徙。因为游牧民族常在山野中行走，对矿石的认识自然多一些，所以炼铜、冶铁都是从游牧民族开始的。游牧民族冶金和打造金属饰物的能力很强，这一点20世纪出土的许多墓葬都是很好的证明。农业人口当然对植物的了解比较深，但"神农氏尝百草"，必须在温度土壤合适的地方，把神农氏放在戈壁滩上，他老人家也是没有办法的。

多代人都定居在同一个地方的人口，比较容易累积和传承知识，所以文字是农业人口发明的，于是历史也就首先是由定居农业社会的人口写的。

美索不达米亚文明

今天的巴格达，位于美索不达米亚的正中央，这一带是人类文明最早起源的地方，有很多早期的城邦。苏美尔人5500年前发明了早期象形文字，4500年前又出现了刻写在泥板上的楔形文字（Cuneiform）。苏美尔人早期的城邦乌尔（Ur）是人类最古老的都市，犹太民族的先祖亚伯拉罕就是在距今4000年前从乌尔率领部族迁徙到今天的巴勒斯坦的。

苏美尔人的楔形文字泥版

尼罗河流域文明

尼罗河谷的文化主要是指古埃及，埃及的上游是努比亚（Nubia），再上游就是埃塞俄比亚。《阿依达》(Aida) 这个歌剧就是讲古埃及和尼罗河上游王国的故事。古埃及的象形文字是用画图的方法来说故事，大约始于 5000 年前。

18 世纪末，在尼罗河下游一个叫罗塞塔（Rosetta）的小村庄里发现了一块石头，上面刻有三种文字。上面是古埃及的象形文字，中间是古埃及后期的通俗文字（Demotic Script），下面是古希腊文。一位法国人用了 20 年的时间破解了这些文字。到了 19 世纪末，埃及学大兴，埃及全国所有古迹上的文字都被破解了。

18世纪末拿破仑征埃及时发现的罗塞塔石碑（Rosetta Stone）

我在开罗大学访问过一个月，它就位于埃及最早的城市——吉萨（Giza），那里有著名的人面狮身像，已经被风化了，但它是古埃及文化的代表；还有几个最早的金字塔。

印度河流域文明

印度河从喜马拉雅山发源，流到阿拉伯海。印度河中下游有五条支流，叫做庞遮普（Punjab），即"五河区域"，主要在今天的巴基斯坦。大约 7000—8000 年前，印度河谷有一个非常古老的文明，有很多很发达的城市。印度的原住民肤色黑，语言属于 Dravidian 语系（今天印度南部人的语言仍属于 Dravidian 语系）。大约

3500年前，印欧语系的雅利安人骑着马、赶着牛车攻占了文明程度很高的印度河流域，再继续东进和南下到整个印度次大陆，当了印度的主人，之后和原住民逐渐融合为现在的印度人。

印度河谷文明的主人喜欢刻印章作为权威的象征，这一点和巴比伦人很相似。印章做得非常细致，有圆的，也有方的，英国考古学家发现了几十种印章。左下图这个印章上刻画的不知道是一只什么动物，像狗又不是狗。右下方这幅图是印度文化中极有代表性的雅利安人的战神因陀罗(Indra)。

印度河流域文明中刻有神话动物的印章

雅利安人的战神因陀罗

黄河流域文明

中华文明不是从一条河而来的。现在考古发现,在中国境内,与黄河流域同时期或者更久远的也有,比如河姆渡文化,可是为什么我们称它为黄河流域文明呢?因为我们今天所使用的语言和文字基本上都是由黄河流域的人所开始的。如果能够找到比甲骨文再早一点的夏代文字就会更清楚汉字的脉络是什么,因为今天的汉字与甲骨文之间有很清晰的脉络,从大篆、小篆到隶书,都是在黄河流域产生的。

商代甲骨文,与现代汉字一脉相承

商代的青铜器已经非常精细、雅致而且十分富有想象力。铸造青铜器的模具十分复杂。在陕西出土过一辆大约2600年前的车,车轮和轮辐应该分别是6000年前和4500年前在美索不达米亚发明的。这辆车除了轮子之外还有车轴和轮辐,很了不起,但是它也说明中华文化从早期就可能受到西亚的影响。

商代青铜器,充分表现出精湛的工艺与丰富的想象力。

2600年前青铜器微型马车,已有车轴与轮辐,工艺精湛。

研究文明与历史的方法——"张氏流体力学"解析

我们观测流体运动所得到的结果,会依据观测者不同的位置与运动速度和方向而不同。在自然科学上如此,在社会学科上同样如此。比如说,今天某些西方人会从他们当今的视角和他们本身社会改变的经验来观察其他不同地区的社会,得出的结果当然与他们自己的变化有关。

我假定文明是一个多变量的函数,s 代表空间,t 代表时间,p 代表一群人或者某一个杰出的人物,q 代表某种状态(比如说是和平还是战争)。人类的文明至少受这四个因素的影响。

观察作为多变量函数的历史要对时间做一个全微分。比如说我要测量这间屋子的温度变化,我就拿一个温度计摆在这里,这一时刻 19 度,再一个时刻 21 度,我就说屋内的温度在上升。假如我用一个气球,里面放一个微型的温度计,气球飘上去温度就高了,落下来温度就低了,当你不知道这个气球的运动方向和速度时,就没有办法知道这间屋子里的温度变化究竟是怎样的。再比如,我站在一个桥上,下面有金鱼游来游去,越来越多,我就说金鱼的密度随着时间增高了。但是假如我是划着船观察的,我一边划船一边数船边金鱼的数量,那我所见到的金鱼聚集密度的变化,就要受到我自己划船的方向和速度的影响。在数学上,就需要对金鱼密度这个随时间、地点而变化的函数做全微分。全微分是首先把地点固定,对时间做微分,然后就观察者(我的船)的速度做一个描述,再对空间做偏微分,这样才能真正得到对这个函数的全微分。

当我们想了解历史的真相和情况的时候,一种方式是在一个地方不动,只注重当地的变化,比如研究那个地方的"地方志";另一种方式是旅行,到处走,然后把在所走过的地方看到的资料整理起来。综合这两种方式才能发现这个地方在历史上发生了什么事情,起到了什么作用。所以你要把许多地区的"地方志"和不同的人到处游览的"游记"综合在一起才能得出比较客观和完整的印象。

我从1987年开始多次在"丝绸之路"上旅行。我在乌兹别克斯坦的河边小餐厅吃鱼，还喝乌兹别克斯坦的啤酒，这都是我的"游记"的细节。这就证明了在某某年，乌兹别克斯坦路边小餐馆的食具是这样的，可以吃到鱼，还能喝到某个牌子的啤酒；也证明乌兹别克斯坦人虽然大多是穆斯林，但是在这一年在公众场所叫啤酒喝没有问题。

"丝绸之路"上的一位旅客在阿姆河畔享用丰盛的午餐

7世纪有一个很伟大的人——唐玄奘。他从长安一路走到印度的那烂陀，在印度住了18年。回国以后，唐太宗要他做官，他不做。唐太宗就问他要做什么，他说你赏我一个地方，让我翻译佛经就可以。他口述了一本书呈送给皇帝，包含18年里的各种经历与观察，事无巨细，清清楚楚。他不愧是官宦之后，很懂得皇帝的心理，把书命名为"大唐西域记"，把"大唐"两个字放在前面，赢得龙心大悦。后来英国考古学家根据《大唐西域记》的英译本，一步步去对照考察，发现了那烂陀寺院里埋藏的文物。德国考古学家也仔细测量，挖到一个盒子里面装着佛祖的遗物，已经埋了1200年了！因为玄奘把他见到的情况写得一清二楚，考古学家才能找到这些珍贵的遗物。现在印度历史书中的不少资料都得引用玄奘书中的记载。

伊本·白图泰(Ibn Battuta)是一个摩洛哥人，14世纪的时候花了27年的时间在世界上游走，也来过中国。他回国后，摩洛哥苏丹也叫他写一本旅游见闻录，他把当时伊斯兰世界各地的许多细节说得都很清楚，但他写中国就稍欠准确了。他说中国的公鸡比鸵鸟还要大。

文明的特质

20世纪法国的历史学家里有一个年鉴学派，其中一员大将布罗代尔(Braudel)在第二次世界大战时被关在德国集中营中，花了三年的时间写了一本关于地中海世界的经济发展史。到了20世纪70年代，当法国已经不再是殖民帝国时，以他为代表的一批人通过反思，开始走出16世纪以来欧洲人所建立的欧洲中心主义的历史观。他们开始突破的欧洲中心主义历史观至今仍然没有消失。这种历史观是以欧洲为原点，设立一个以欧洲为标准的参照系。比如说，虽然欧洲在世界各地殖民最初的目的绝不是推广欧洲文化和传播基督教，更不是为了提高当地人民的生活水准，但是许多欧洲人忘记了当初的残忍屠杀和对被殖民者的高压统治，只把注意力放在殖民地教育和卫生系统的建立等正面结果上，不提殖民地国家如何从殖民地得到大量财富，因而使自己国内的生活水平大为提高。等到殖民国家不得不放弃殖民地的时候，他们还采取了一些给新独立国家种下祸根的政策，增加新独立国家内部的矛盾。当新统治者（多是由欧洲人训练出来的军人；他们既没有民主素养，又缺乏团结国民的魅力）不按照欧洲国家最近才开始强调的人权标准进行统治时，就会受到前殖民宗主国的学者和媒体的批评。

我刚才说历史和物理一样,观察的结果跟观测者的位置和移动有很大的关系。现在不少美国和欧洲的学者已经认识到欧洲中心主义的错误,尽量较客观地假设自己是从一个很远的地方观察地球上的事物。

布罗代尔就提出了文明的多样性、文明的互动性和文明的延续性这几个特质。

文明的多样性

在20世纪30年代,世界上只有在亚马逊河流域还能找到极少数以采集食物为生的群体。很多人会说这些人是野蛮人,但是一位法国人类学家花了七年的时间精心观察,发现这些人的记忆力很是惊人:他们对周边的200多种草非常熟悉,能准确地叫出它们的名字。所以这些人的智慧、智能与我们亚欧大陆的人是一样的,但是由于他们受地理环境和交通工具的限制,走不出亚马逊热带森林,因此就只能过他们那样的生活。这位学者叫C.列维-施特劳斯(C. Levi-Strauss),他最著名的一本书是《忧郁的热带》(*Tristes Tropiques*)。

在巴黎,有一间用阿拉伯文举行弥撒的属于天主教的东方仪式叙利亚教堂。拜占庭的希腊东正教对玛丽亚和耶稣的描绘与天主教会很不同,但是一般中国人认为米开朗基罗的宗教画是宗教基督教艺术的最高境界。东正教与伊斯兰的接触比较多,所以9世纪时也曾有过一次轰轰烈烈的反偶像运动(Iconoclsam),把一些教堂里本来有的一些圣像都涂抹了,因为他们认为上帝是至高至圣、无形无象的,不应该被人为地当成偶像。

巴黎的一间用阿拉伯文举行弥撒的属于天主教的东方仪式叙利亚教堂

东正教的圣像和反偶像运动时代被涂抹的拱形教堂顶部

文明的互动性

世界上第一个边境条约应该是公元前16世纪时埃及人和赫梯人签订的,埃及人说我们向我们的什么神灵宣誓,赫梯人说我们向我们的什么神灵宣誓,一定会遵守条约,双方保持和平,不越逾规定的边境。

波斯帝国的首都在今天的波斯湾边上。他们为了表示自己很大很强,在宫殿的墙壁上刻了许多不同种族、不同文化的人向波斯国王进贡朝拜时的景象,很有"万国衣冠拜冕旒"的气概。

从中国唐朝的唐三彩中可以看出,唐朝的贵族喜欢骑马打猎,还使用全世界跑得最快的动物——猎豹(Cheetah),这是从阿拉伯人那里学来的。

751年前中国与阿拉伯有一次遭遇战,在此之前,从627年到751年,这100多年之间,唐朝对西域的管理是非常有力的,一直派一个安西节度使在今天新疆的库车。751年,伊斯兰教阿拉伯人的阿巴斯王朝(Abbasids)取代了倭马亚王朝(Umayyad),锐意经略他们的东部行省。当时唐朝的安西节度使高仙芝的作为激起中亚楚河流域一带居民的反叛,他们向阿拉伯军队求援,但高仙芝对阿拉伯军队的实力估计不足,结果在遭遇战时大败,许多人都被俘虏了。在被俘虏的人当中有会造纸的工匠,所以第一个学到中国造纸术的就是阿拉伯人。就这样造纸术通过一次战役,逐渐传到了世界各地。

胡人骑马、带有猎豹的唐三彩

目前在巴黎的国家博物馆里保存着法国与东亚的第一次外交书信。这是蒙古人建立的伊儿汗国的可汗在1289年写给法国国王菲利普(Phillippe Le Bel)的一封信,建议双方共同出兵攻打耶路撒冷,胜利后战利品平分。为什么和东亚有关呢?因为信中的文字是蒙古文,信上还盖有蒙古大汗忽必烈(即元世祖)赐给伊儿汗的"辅国安民之宝"的汉字方印。

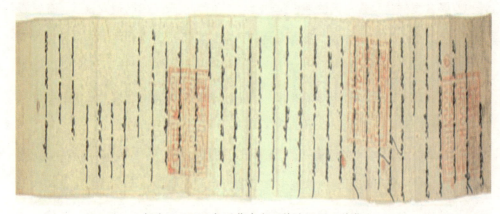

伊儿汗于1289年用蒙古文写给法国国王的信

文明的延续性

奥斯曼帝国最强盛的 16 世纪中叶时的苏莱曼苏丹,与他的子孙,即 19 世纪末的苏丹阿布杜尔·哈米德(Abdulhamid)的穿着大为不同,但他们的血缘与文化又是一脉相承的。所以任何文明和文化都既有变化也有延续性。

苏莱曼苏丹与阿布杜尔·哈米德苏丹

法国巴黎的索尔邦(Sorbonne)大学,1200 年左右创立,它有很强的连续性但是人的穿着不同了。法国科学院就在它附近,每年开一次盛大的院士全会。我 2006 年应邀参加时,许多院士还穿着 18 世纪的院士袍;在门口站立的仪仗队也身佩 18 世纪时的长剑。这可以说明,文明既有开拓性,也有延续性。

今天的土耳其西部沿海处,据说是耶稣受难以后他的母亲玛丽亚隐藏过一段时间的地方,所以一直被认为是基督教的圣地之一。天主教的教宗最近曾来朝拜。几百年来,这个圣地是在穆斯林的保护之下才维持住的。也就是说,文明除了延续性和互动性之外,也有异质共存的一面。

左图是一对相拥长眠在塔里木盆地沙滩下的夫妻,衣服是汉朝制造的。更有意思的是1995年在尼雅出土的带有汉字的锦制护肘,写着"五星出东方利中国"这几个字,是用来决定应否出战的占卜用语。

新疆出土的一对相拥长眠的古尸

新疆尼雅(和田地区)出土的锦制护肘

宗教传播

今天巴基斯坦的白沙瓦（Peshawar）一带 2000 年前叫做犍陀罗（Gandhara）地区，是佛教艺术的发源地。早期佛教认为佛祖超乎形象，不主张给佛画像或塑像。亚历山大进军到印度河流域后留下来的希腊人后来建立了大夏国（Bactria），信奉了佛教。他们的希腊传统令他们觉得佛祖一定要有一个人的形状，否则很难加以崇拜。由于大夏距离佛教的中心地带很远，不太受印度佛教的控制，因此就依照给希腊神灵塑像的方法替佛祖塑了像，开始了犍陀罗佛教艺术。这种艺术通过中亚传到了中国，使中国的佛教艺术受到希腊艺术的影响。

对比希腊博物馆里的阿波罗和巴基斯坦博物馆中的佛祖，就可以看出他们之间惊人的相似之处，佛祖的鼻子其实很像希腊人的鼻子，头发也是卷曲的。

文字传播

文化最主要的载体就是文字。我们知道，地中海东岸的腓尼基人很会做生意，但是他们还创造了一套简单易用的字母。这之前的文字是把意念转化为图像。由腓尼基人的字母开始，字母可以用来拼写不同的语言。耶稣出生前的几个世纪里，亚洲西部各地的通用语言是属于闪米特（Semetic）语系的阿拉美语（Aramaic），耶稣讲的就是这种话。因为阿拉美语的广泛性，腓尼基字母逐渐演化为阿拉美字母（Aramaic Script）。阿拉美字母后来又演变成古叙利亚文（Syriac Script），是早期基督教宗教礼仪中使用的文字。2 世纪波斯人摩尼（Mani）建立的摩尼教（Manichaeism）以及后来的景教的经文也都使用古叙利亚文字。

许多在"丝绸之路"上做买卖的粟特人（Sogdians）信奉了摩尼教或是景教，学会了书写古叙利亚文；在 3 世纪后他们又把古叙利亚文的字母稍加改造，成为粟特文，用在日常生活中。粟特人到东方做生意时，把摩尼教和景教传给突厥人和后来由突厥人分化出来的回鹘人。粟特字母也就自然而然地成为回鹘文字母的蓝本；回鹘文也就是后来所说的畏吾儿（维吾尔）文。成吉思汗建立蒙古国后，命令一个投降蒙古的维吾尔学者为蒙古人造字。这个学者就在维吾尔文的基础上创造了蒙古文字。这种蒙古文字一直使用到现在，每张人民币上都能见得到。17 世纪，满族人努尔哈赤建立了自己的朝廷，命人参照蒙古文字母创制满文字母。

回鹘人和汉族人来往非常多，因此，虽然回鹘文是从粟特文稍加改变而来的，但回鹘文还是受汉字影响从上向下竖写，而不是像阿拉美、粟特文那样从右至左横写，后来的蒙古文和满文也都是从上向下竖写。

满族人入关后统治全中国二百多年，各地都有满文的痕迹。现在北京的故宫里和台北的故宫博物院里更是有许多满文的匾额与文书。相信绝大多数中国人都有机会见到满文，但是恐怕很少人（包括满族人）知道，发迹于长白山和黑龙江之间的满族人的文字源自地中海东岸。这不能不说是文化交流的一个极有意思的范例。

回鹘文从上向下竖写

全球化时代的文明交流

今天到了全球化时代,我们的未来会是怎样的呢?我只能用一组无言的照片向大家说明。1905年美国总统西奥多·罗斯福的照片;同一年,慈禧太后的照片。20世纪初北京某一个家庭的合影显示当时中国人的服饰还没有怎么改变。

美国总统西奥多·罗斯福
摄于1905年

慈禧摄于1905年

一个北京家庭摄于1905年

土耳其总统和高级官员及夫人们 20 世纪 30 年代已经改穿欧式服装。中国 20 世纪 30 年代的一对夫妇，女的是解放脚，穿着旧时的中式服装；男的是西医，已改穿洋服。他们的孙子就是现在演讲的人，穿什么你们都看到了。

土耳其总统凯末尔·阿塔图克和其他高级官员

作者祖父母
（摄于 20 世纪 30 年代）

总而言之，我们不得不思考一下：未来的世界会是什么样的？在信息这么发达的时代，我们的文化会变成什么样？我 2009 年在兰州照的一张照片恰巧说明了我们自己在什么状态下。在全世界都寻求现代化的过程中，文化交流的交通管理还没有完全现代化，正像照片中的大十字路口，身处这个混乱的交通洪流中的人们还看不清楚行走的方向。这就是我的结论，谢谢大家！

2009 年兰州市中心交通景况

提问环节

提问1：我有一个困惑，就是文化跟文明的区别何在，究竟什么是文化和文明呢？

张信刚：文化更多指的是审美观、意识形态、风俗习惯，文明是基本的生活方式扩大以后很多人认为的一种大的、持续性强的集体的生活方式。这两个词有时被混用，但彼此不冲突。

提问2：第二次世界大战以后文明的交融越来越多了，但是一些小的文明会不会由于经济的弱势导致快速的削弱呢？

张信刚：这不只是第二次世界大战以后，以前也有这个现象，最明显的就是北美洲、南美洲的文明。5000年前玛雅文化跟当时其他地区的文化差不多，比如说墨西哥中部也有很复杂的金字塔，他们的皇宫也是很复杂的；15世纪以来这种现象更为明显，只不过今天的程度更甚。你的担心是有道理的，但是怎样防止它，或者应不应该防止它，就像我最后呈现的那张图片一样，并不清楚。

提问3：您认为具有普适性质的文化应该具备什么样的要求？

张信刚：普适价值并不是永恒的，我提到的东方和西方的问题以及农耕、游牧的分野，就说明了这一点。普适价值必须是当时的多数人都能对它有共识，而不是短暂的、一时的价值，这是最基本的条件，其他的具体条件一时也很难说完全。

提问4：通常情况下经济的发展预示着一种文化的繁荣吗？文化开始繁荣的时候是不是意味着经济的发展？

张信刚：没有听过这种反例证的。没有一个繁荣的经济作为支撑，文化很难繁盛起来，这个我完全同意。文化到达很繁盛的时候未必是经济正在高速成长的时期。你问我是不是,我答不是,比如说南宋,南宋的文化已经非常成熟、非常精致了,但它的经济受到其他一些影响,并没有加速进展。

提问5:在全球化的今天呢?

张信刚:我认为全球化这个词也是一个概括性的用语,我不认为今天哪个国家经济发展得最快,文化的发展也就必然最成熟、最高明。

提问6:它会不会有很大的影响呢?

张信刚:影响力不一定靠文化的高明来体现,比如蒙古人在过去最具影响力的时代只有100万人,但他们的影响力非常大,事后我们看到他们开辟了亚欧大陆或者全球化的先河,当时却没有人这么提出来,而这是以今天的视角才能观察到的现象。我认为不是说谁的"肌肉"最大,谁的文化就最高明,但是"肌肉"大的人往往容易使得人家服他,因此有人会学习他练肌肉的方法和他所用的维生素。

从万户飞天到嫦娥奔月
——谈培养创新人才与建设创新文化

- 我的启蒙时期
- 创新——跳出框框思考
- 创新人才
- 创新的过程
- 创新的结果
- 创新与经济成长
- 创新人才的培养
- 建设创新文化

茶与咖啡——张信刚文化与经济讲座

> **内容提要**
>
> 创新人才可以培养,但是不能够铸造。与其刻意找出培养创新人才的模式,不如致力于建设创新文化。每个民族都不能否认,也难以摆脱自己的文化传统。但是任何社会也都能够在固有的文化传统之中、在有限的范围之内塑造自己的未来。任何一个文化传统都有可能或正面或负面地影响到创新文化的建设,想要建设创新文化的社会不可没有这种自觉性。

我的启蒙时期

我的启蒙阶段是在山东济南的三育小学,从那里开始学识字,还得了一个奖状,时间是1948年,济南还没有解放。后来我搬到台湾去,在台湾的台北师范学校附属小学念书,功课还不错,但是老师在我的成绩簿上对我有一个评语,说我"功课良好,但不大专心功课,常阅读闲书"。所以,我虽然是学工的,这些年来的确常阅读闲书。

我1946年念小学,启蒙第一课的课文是"来来来,来上学;去去去,去游戏"。这句简单明了的话告诉我们,上学的目的,一是要集体学习,二是要一起游戏,是一个使儿童社会化的过程。现在很多孩子被家长逼得又要学这,又要练那,就是没有时间学习与人交往,也没有时间运用孩子必然有的想象力,发展他们必然有的好奇心。上学如果变成"来来来,来上课;去去去,去补习",那就没有什么意思了。

创新——跳出框框思考

6000年前在美索不达米亚（两河流域），轮子和车轴第一次出现，这对人类的交通运输是一个大创新。100年前亨利·福特第一次用流水线作业的方法制造他设计的汽车，也是对人类交通运输的一个重要创新。

所有从事创新的人，都不是在一个固定的框框里思考问题。1500年左右，帖木儿汗国的一个细密画家为一本书画的插图就体现了跳出框框的想法，画里的树和山石都跳出框框来了。我今天如果要把我的演讲浓缩为一句话，那就是，我建议大家今后尽量跳出既有的框框思考问题。

细密画插图画家将山石树林画到书页之外

我是学工程出身的，没办法跳出科学技术这个框框，所以一定要讲一讲轮、轴组合，以及造纸术、印刷术、火药、指南针等古代重要的技术创新。不要看不起宋代，我国四大发明之中，三个是发明于宋代的；即使在文、史、哲方面，宋代也有不少重要的创新，比如词和小令的盛行、《资治通鉴》的编写以及理学的出现。

再看看最近的技术创新。带动整个工业革命的蒸汽机，启动信息革命的电报、电话更是好例子。进入20世纪，1904年美国莱特兄弟发明飞机，1938年英国弗莱明爵士在霉素里面发现抗生素，都是划时代的创新。

还有纯科学方面。这是很多人对中国的科学发展有疑问的地方。很多人都知道所谓的李约瑟难题。中国的技术一直领先于全世界，为什么工业革命没有在中国发生？其中明显的一点就是中国传统上对纯理性的科学不重视。比如说，为什么中国人很早就知道，如果要想找到一个直角，就把一根12尺长的绳子拉成一个边长分别为3尺、4尺、5尺的三角形，其中3尺和4尺之间的角度就是直角。但是从来没有人把它推展到"甲的平方加乙的平方等于丙的平方"这样一般化的抽象定理。中国早期的发明者似乎都是发明有用的东西，而没有想到对自然现象形成一个可以用推理方式证明的定理。比如说最早精确测定圆周率的是中国的张衡，但他做的是一个较精确的计算；探讨圆周率的意义，以及用圆周率和半径去求圆的面积才是抽象的理论探讨。当然，我这里没有包括《易经》以哲学的高度对宇宙和社会现象所尝试的高度的抽象概括。

在数学上还有一个极为重要的概念和对它的表达方式，那就是印度人发明的"零"的概念和在运算中的符号（现在我们一般把它误称为阿拉伯数字）。所以创新不只是新技术或是科学定理，抽象数学的新概念也是。莱布尼茨和牛顿都曾经做过重大贡献，两个人在不同的情况下，几乎是同时发明了微积分。后来是大家都知道的牛顿的万有引力概念和力学三定律。

今天我们之所以有微波炉、无线通信、卫星定位等，基本原因是19世纪英国人麦克斯韦尔提出有关电磁波的理论，并把这个理论用一个方程式表达出来。新的概念固然已经很有价值，但是牛顿、麦克斯韦尔等人的特殊贡献是他们还运用数学提供了可以量化的方法。

德国物理学家普朗克的量子理论让人类第一次真正进入了微观世界。牛顿等人对宇宙的观察是宏观的，普朗克关于运动与能量的论述是在肉眼甚至显微镜都无法看到的原子核和电子这个层次。它是今天的微电子学的基础，也可以用来说明物理学和化学作用的关系。

之后几年，爱因斯坦提出了相对论，说明能量和物质可以互相转换，它是核子物理和运用核能量的基础。其实，相对论这个名词今天的小学生都应该听说过；

谈过恋爱的人更容易明白：和恋人单独相处，一个钟头就像一分钟那么快；和恋人的母亲单独相处，一分钟就像一个钟头那么慢！

居里夫人在实验中发现了放射性的原理，对人类文明又是一个划时代的创新。

大约50年前，美国人沃森与英国人克里克共同发现了生物基因中最重要的DNA分子的结构是一个双螺旋。今天我们所知道的基因图谱、遗传工程等都是基于这个基本发现。

以上提到的所有创新，都不是在已知的既定框架中寻得的。

创新当然不只是在科学和技术方面，也不只是在文学和艺术中。事实上在哲学、政治理论和社会伦理方面都可以有重大的创新。比如说，孔子的学说、孟德斯鸠的三权分立论，还有亚当·斯密的《国富论》、马克思的《资本论》都是重大的创新。

由于魏晋南北朝时代士族的力量太大了，隋唐时期就发展了科举取士的制度，这也应该说是一种创新。科举考试影响中国一千多年，好的坏的影响都有，但不得不承认在人类历史上，各民族中最早用这种方法选拔管理社会的精英，因而使"布衣可以致卿相"，增加社会阶层的流动性是从中国开始的。

意大利人马可·波罗元朝时到中国来，看到中国人不用银子而用纸币，大吃一惊。其实纸币是从宋朝开始的，今天已经是全世界都采用的媒介了。

财务记录素来都是记"流水账"，记录何时入账多少，何时出账多少。有一个意大利人第一个想到，为什么不把收入记在账本的一边，把支出记在另外一边呢？做财务报表时，资产列在一边，负债列在另一边。这个概念绝对是人类经济生活中一个重大的发明，看来简单，但是别人就在前人的账本框框里填数字，而他却开启了现代会计制度。

此后，当荷兰的东印度公司想要集资的时候，有人第一次想到，为什么不把股权分为很多很多份，让钱不多的人和根本不认识的人也可以入股呢？ 这就是股票发行的开始。之后许多公司都发行股票,有的人要买这个,有的人要卖那个。于是在18世纪末期,有24个在纽约证券行工作的人想,咱们为什么不集中在一起替客户买卖股票呢?于是最早的股票交易所就诞生了,它位于纽约曼哈顿南部一条又窄又短的小街——华尔街上。两个世纪以来全世界的资本运作与上面提到的几个创新绝对有莫大的关系。

创新人才

大家都知道嫦娥奔月的故事。还有一个很有创意的人,他的创造力往往与酒精的摄入量成正比,他就是李白,李白曾有一句诗,"人攀明月不可得,月行会与人相随"。他还有一句诗,"今人不见古时月,今月曾经照古人"。由于月亮和它的光亮会随时间而改变,因此,今人看到的月光与古时候的月光是不同的,但是如果把月亮当成一个主体,今天这个月亮就是曾经照过古人的那个月亮。同样是创造力的表现,嫦娥奔月的故事主要是想象力,李白的诗是想象力加哲理。

在香港城市大学教学大楼的入口处有一幅大型壁画《万户飞天》。说的是明朝

香港城市大学教学大楼的壁画《万户飞天》

时有一个叫万户的人，他把许多个冲天炮绑在一把椅子的腿上，把自己也绑在椅子上，然后燃点冲天炮，希望能升天。结果当然没升上去，因为他缺乏科学知识，对于地心吸力、重力加速度、逃逸速度等基本物理概念不理解。他的确有创意，但是没有科学知识和技术力量。

犹太人对于升天的想法又不一样了。中国人想到的是嫦娥奔月，犹太人出于对上帝的信仰，想到的是人类曾经企图盖一座通天塔（Tower of Babel），直接升到上帝那里去。毛泽东的《沁园春》里不是有一句"欲与天公试比高"吗？犹太人就是因为"欲与天公试比高"而被上帝惩罚，当塔盖到某个高度以后，人类的语言就开始出现分歧，彼此无法沟通，塔也就没有办法再往上盖了。今天在英语里，这个塔的名字"Babel"就成了说话不清楚的意思。

前面我举了不少创新的例子。这些创新者的共同特征在哪里？我对这个问题思考过很久，现在简单地总结一下。

首先，创新者的好奇心强，大脑发达，对自己从事的领域有强烈的兴趣和健全而广阔的知识。不是说上班时候等下班，下了班就看电视；或是研究汽车轮胎就只懂车轮胎，对其他事物都没有兴趣去了解。

其次，都是坚毅、乐观、个性比较突出的人，不是随大流，人云亦云。如果你一句话就能把他驳倒，他就不干了，那他也是创新不了的。

最后，真正有成就的创新者，也不是那种标新立异、孤芳自赏的人，你想做一个前人未做的事情是可以的，但是别人没做过的不一定就是真正的创新；有些行为艺术家做一些标新立异的事，也许对他自己有意义，但是对真、善、美有没有贡献，对多数人有没有好处，那是另外一回事。真正意义上的创新，不论是从事试验的或是创造企业的，甚至是提出理论的，都要善于和他人沟通，要能与团队合作，至少你的理念要讲给别人听；你连理念都说不清楚，都在你的脑子里，你的创新又有什么用呢？

什么样的人才算是创新人才？我认为：

第一，发现自然或者社会现象，并且能够认识到它的意义的人。牛顿、爱因斯坦自不用说，亚当·斯密、马克思也是，他们都看到一些别人看不到的东西。

第二，把既有的原理或者材料加以组合，使之具有新用途的人。我的本行生物医学工程是一个跨学科的专业，所以我很高兴1982年的诺贝尔医学奖颁给了两个生物医学工程师，他们把计算机技术、X-光快速扫描结合起来用在医学诊断上，就是现在几乎每家医院都使用的CT。他们并没有发明计算机，也没有发明X-光扫描仪，更不是医学专家，但是他们做了大量的工作，把计算机技术和扫描技术用在人体的器官上面，造福人类，这是一个大创新。

第三，从似乎无关联的现象中察觉到关联性的人。我这里想到的第一个人是X-射线的发现者伦琴（Rontgen）。早期照相时要用一张装在匣子里的底片，底片很贵。有一天伦琴本来计划要照相，但是天很阴，他认为浪费了底片划不来，就把底片匣放在抽屉里，过几天拿出来，发现底片已经感光了。于是他从一个本无关联的事件中偶然想到，是不是有一种肉眼看不见的光呢？这就是X-光的发现，是一个物理学家在一个偶然的情况下发现的，并不是有人计划说我要发现一种肉眼看不见的射线。

创新的过程

现在每个人都用一种即揭即贴的小便条，用来做标记或是提醒。3M公司是美国很大的一个公司，由于市场需要，他们曾集中一批化学家和化学工程师研发一种强力胶；在研发过程中试过许多不同的方法，有的时候想让黏性强它反而弱了，有的时候甚至弱得不得了。有个研究人员有一天问，难道市场上不需要一种黏性很弱的胶吗？结果这个研究团队歪打正着，发明了黏性弱的胶，注册了专利，现在大家都在用。这项创新在很大程度上是由于运气使然。

大家知道为什么亨利·福特成功的汽车是 Model T 吗？他想要在美国生产一种成本比较低而又耐用的汽车，一开始遇到道路不平的问题，于是他就发明了避震器，后来又遭遇到漏油、速度不够等一系列问题，他就一再改良设计，第一辆车叫做 Model A，第二辆车叫 Model B，第三辆叫做 Model C，都不很成功，一直造到了 Model T 才成功了，于是开始大量制造，把汽车普及化。他的百折不挠是他创新过程的基本条件。

越南战争时有一名美国海军陆战队队员名叫弗雷德里克·史密斯（Fredrick Smith），退伍后进哈佛大学念 MBA。他当时发现商业上的往来很多时候是分秒必争的，经常有文件或货品必须快递，而政府办的邮政局效率不够高，满足不了这个需要。所以他认为应该有一家公司，专门从事重要商业文件或货品的递送，收费可以贵一点，但要保证准时到达。他把这个设想写成了 MBA 的论文，只得到老师给的一个"C"的评分！他拿到 MBA 学位之后，找他所有的亲人合资买了两架飞机，开办起了 FedEx。他的概念是：最简单的运作方式最不会出错。因此下午把各地收到的文件货品统统汇集到总部所在地，夜里派发后由飞机送往各地，第二天上午再由各地人员送给收件人。企业虽然做起来了，但是不久就遇到一个难关，那就是他的经营理念还没有得到充分证明，银行贷款马上就到期了，亲戚们看不到回报，也不肯或没钱再借给他，而员工的工资却要按时发放。还好公司是他个人的，某个周五他带着仅有的 50 万美元现金，飞到赌城拉斯维加斯，住进一家酒店，决定搏一下：要是赢了钱，就发工资继续营业；如果输了回去，公司就此结业。大概真是"皇天不负苦心人"（当然我并不鼓励大家都用这种做法），他居然赢了一笔钱，所以今天全球最大的快递公司的名字就叫 FedEx。

除了运气以外，弗雷德里克·史密斯难道不是靠坚忍不拔的精神吗？念

MBA时老师给了他一个C，他没有放弃想法；把亲戚们的钱都借光了，还是解决不了现金周转的问题；去拉斯维加斯赌一夜，是他的最后一招。但我相信也只有在他这样的人身上，才会有机会在赌场里得来运气，正好合了一句英语谚语"God help those who help themselves"。

还有一个例子。阿基米德为了要解决国王的王冠是否是由纯金打造的这个难题，昼思夜想，不得其解。有一天他洗澡的时候，注意到人在浴缸里的时候水就涨上去，就想水上涨的程度不是跟自己的重量和体积有关吗？这样才有了阿基米德定律。他因为这个发现，高兴得连衣服也没穿，就狂奔出去大呼："Eureka! Eureka！"（我发现了！我发现了！）这似乎是中国禅宗里说的顿悟，也似乎是"踏破铁鞋无觅处，得来全不费工夫"。这个创新过程可不能说是运气，这是他聚精会神长期思考之后才突然间萌生的概念。没有经过阿基米德式的思考过程的人，洗澡时绝不会发现浮力原理。

但是更多的发明都是在有需要的时候出现的，用英文说就是："Necessity is the mother of invention."有问题出现自然会有人想办法解决，有需要才会有发明，除非那个社会环境是"一潭死水"或是充满"思想桎梏"，使人们没办法或是没欲望做出创新来。

创新的结果

创新的结果往往是颠覆现有的秩序，所以许多人并不赞成创新。大家知道，过去在西藏是不许用车的，据活佛们说，由于车上有轮子，会影响轮回，因此轮子只准用在祈祷时用手推动经轮"转经"的时候。其实，西藏地处高原，对外交通极不方便，车子一旦能够进出，就会带来很多改变，当权者不愿见到太多改变，就反对使用车轮。

就算在有车辆的地方，也有新车辆颠覆旧车辆的情况。火车出现之后马车就少了。没有火车之前在英国、美国已经有轨道，由马拉着车在轨道上跑。但自从有了蒸汽机，就不用马在轨道上拉车了。在香港我看过一个话剧，叫做《慈禧与德龄》，说有一个德龄郡主，是一个驻欧洲大使的女儿，自小在欧洲生活，她回国后向慈禧太后形容火车的样子，慈禧就问她："没有马，车怎么能走呢？"

我曾看过一则笑话，说有一个贵妇在大热天里要丫鬟给她扇扇子，过了一会儿，她说"哎呀，天气真是变凉快了，我的汗都不见了"。丫鬟说，"夫人，您的汗都到我身上来了"。在没有电扇之前，全世界各种文化里都有要奴仆替主人扇扇子的事。从这个角度看，科技的进步是使人平等的很重要的原因。大部分人并不是一定需要有奴仆扇扇子才凉快，有了电扇，就不需要奴仆干这种吃力的活了。

从以上几个例子可以看出，任何一种创新都会破坏既有的生活方式和社会秩序。

创新与经济成长

从历史上看，一个社会的经济成长一般是以投资为前提的，中国这些年来取得的快速成长就属于这种形态，是用大量的投资来推动经济活动，提高生产总量，从而积累财富。但是还有一种以创新为前导的经济成长，是靠新知识、新产品、新技术及新型的就业岗位来促进经济活动，增加社会的财富。

英国历史学家汤因比（Toynbee）五十年多前提出，欧洲和亚洲的差距正在逐步缩小，因为亚洲，特别是东亚，会逐渐学习到并且可能超过欧洲的科学与技术，甚至可能在21世纪中叶超过欧洲。现在许多人都喜欢谈到的"21世纪将是亚洲人的世纪"这句话就是源自汤因比的这个论述。

的确，从日本到韩国、中国台湾地区、中国香港地区、新加坡这"亚洲四小龙"，再到中国内地这条大龙，就工业化过程而言，亚洲人对欧洲人的技术的掌握已经渐趋成熟。下一步，泰国、马来西亚、越南和印度尼西亚，很可能会成为"亚洲四小虎"，而印度这只大象也在朝这个方向发展。

日本在150年前就开始了工业化的进程，但是日本明治维新之后进行的工业化与中国仍在进行的工业化很不一样。日本在明治维新之前是一个封建贵族控制的、一般人连姓都不许有的半农奴式的社会；后来封建贵族想从地主转化为资本家，就驱使一向附属于贵族、非常听话的农民集体转化为工人，所以日本的工业化很快，工人的纪律性很强，而中国几千年来都是由自主性很高的小农所组成的社会，所以随意性和散漫性很强，工业化进程既不像欧洲那样由独立于封建贵族的城市工商业者推动，又不像日本那样由封建贵族推动，而是由政府推动的。

我们暂且不论工业化过程的动因，单就其结果来看，先是日本被称为"世界工厂"，后来这个头衔被中国取代了。

2009年的汽车产量排序，中国已经是世界第一，头五个国家里有三个在东亚。再看轮船，全世界造船吨位第一的是中国，第二是日本，第三是韩国。

全世界十个最大的集装箱海港，除了迪拜和鹿特丹以外其他的全在东亚，一个在韩国，一个在新加坡，其他六个都在中国。

以上都是传统的工业化项目，但是中国的工业化是和信息化同时进行的。

2009年全世界有18亿人上网，占总人口的26.6%。按上网人口的比例，韩国最高，占76.1%，美国、日本、加拿大等国都在70%左右，中国只有22.4%，低于世界平均，但是比印度的8%要高很多。

就手机的拥有量而言，在意大利，每个人平均拥有1.5部手机，俄国、德国、英国、乌克兰等国每个人都不止1部手机；中国的总手机量是全国人口的56%，这已经是非常高的水平了,前几年比这要低得多。目前全世界正好是每3个人中有2部手机,就是说目前共有41亿部手机在使用中,更新淘汰率很高,所以未来的需求量一定很大。在短短的二十几年里,世界上出现了一个全新的工业,它包括手机制造以及软件、网络等。现在明显的趋势是电信、教育、文化、娱乐通过手机在网上结合。

我们再看另一个前沿技术,即制药与生物技术。在世界上产值最大的十大公司里,一家亚洲的公司都没有。值得注意的是连日本都没有;论财政、金融力量,日本绝对可以有,论科学人才的数量与科研组织能力,日本也应该有,但就是没有,为什么?是不是因为这个领域改变得特别快,需要的创新能力特别高?

能够量化一个国家的科技创新能力的指标是专利权合作条约(Patent Cooperation Treaty,PCT)的引用。根据2009年的数字,奥巴马在演讲时说美国是创新能力最强的国家,是有根据的。2009年美国有46000个左右的专利,第二多的是日本,差不多有30000个,中国有8000个左右,瑞典接近4000个。瑞典人口不足1000万,不到中国人口的1%,PCT数目竟是中国的一半;美国人口是中国的1/4左右,PCT数目几乎是中国的6倍。从这里可以看出,中国的科技创新能力和欧美国家相比确实还差得很远。

创新人才的培养

首先,我要说创新人才是可以培养的,假如不是这样,那我就没有理由站在这里做这个演讲了。我还要说,全世界许多国家都在设法培养创新人才,而且都在找寻培养创新人才的方法。人们到现在还不清楚最重要的决定性因素是什么。到现在为止,我看到的是"有心栽花花不开,无心插柳柳成荫",但这绝对不等于说将来园丁栽的花都是不开的。

大家都在寻找创新人才的培养模式，但因为每个社会有不同的文化传统、不同的结构、不同的制度，因此不是所有的社会都有均等的机会。有的人脚上戴着一副锁链，有人可能佩戴了一副夜光镜。我到过很多国家，觉得的确是这样，比如埃塞俄比亚和苏丹，它们的起点和社会制度与芬兰、瑞典就是不同。

作为一个教育工作者，我这里想说一下我认为教师们应该注意些什么。

现在很多人反对要学生背诵。我们做教师的，设法使学生熟记基本要素，是必要的，虽说不用什么都背，但许多东西一定要能背下来才行。比如汉字的写法要不要背？九九乘法表要不要背？不会这些能行吗？很多基本的公式、定理都需要背；没有基础知识就谈创新，那只能是妄想。所以背诵、记忆不是错，只会死记硬背、不能运用才是问题。教学生基本功容易，难在训练学生自主运用基本功。对于中国教师来说，就需要尽量避免布置有固定答案的作业和试题（虽然有固定答案的作业和试题容易给分，也似乎更公平）。这个观点说来简单，但是对中国教育的传统来说，是非常困难的一件事。

另外，很重要的一点就是要时刻记得教师的责任是让学生学，而不是自己教了就算了，因此必须因材施教，诱导学生学习。这一点我是慢慢体会到的。我刚开始教书的时候，才拿到博士学位不久，老觉得学生连我讲的这么简单的东西都学不会，问题肯定出在他们的基础不好或是不用功。后来我才认识到，学生里固然有这样的人，但是教师要因材施教，而且要设法激发学生们学习的兴趣，他们不是天生就不想学或是学不会，这里面有一个教师如何与学生互动的问题，所以至少问题的一半在我这里。自从有了这种体会，我就开始喜欢给学生上课，而且明显察觉到学生和我自己的满足感都比以前高。

教育者不应该做的是什么？就是用太深的学问吓倒青年学生。就像我刚刚拿到博士学位时，写了一篇自己挺满意的论文，里面有些东西连我的指导教授都不很清楚，我要是给学生讲这些东西，一定会唬倒他们。学生就会觉得真是"学深似海"呀，这么难的东西怎么学呢？这样做对学生肯定不是件好事。

不要轻易批评学生不成熟的见解。任何人都有不成熟的见解，不一定学生才有；既然是学生，必然有较多的不成熟见解。学生在学习阶段有见解总比对什么都没想法要好；只要不是完全胡说八道，当教师的就应该引导而不是扼杀他们的想法。

最重要的一点，也是很难做到的一点，是要尽量避免把学生的思路一下子就归拢到教师自己的思路上来。大多数研究生的导师都有自己的兴趣和专长，但是带学生的时候，最好让他自己去探索一条路，由导师设法去配合他，往他那条路上走，然后导师用自己的宏观判断力和学术标准替他把关；一起学习，一同进步，这样对学生好，对导师也好。不能说我是专家，他就非要学我这套，学了之后还是没法超过我。学生永远超不过导师，学术如何进步呢？顺便提一句，中国目前的情况，以本科毕业生的数量计算，并不是博士生太多，而是博士生导师太少。一个博导要带那么多学生，怎么可能有时间悉心指导呢？因此有些导师就把自己的学问分成一小块一小块的，让每一个学生攻读一块，这样做，对导师的研究成果会有好处，但是对培养未来的创新人才就未必有好处了。

当前亚洲、非洲、拉丁美洲的大部分国家，包括大多数的穆斯林社会，在现代化的过程中显得滞后。这个现象和一个社会中主要人口的生活态度是否有关？

近代以来，东亚地区没有出现过重大的科学发现、主要的技术突破和重要的社会学说，甚至连工业化已经超过100年且已经十分富裕的日本都没有。但是中国人、日本人在欧美接受教育并在那里工作的人之中，已经有不少人得过诺贝尔奖。这是偶然的吗？是不是因为欧美社会和东亚社会之间文化传统不同呢？

建设创新文化

目前来看,世界上最富有创造力的国家在北美和西欧。但据我了解他们并没有特别制定过加速培养创新人才的政策,而只是在他们的社会实践、文化传统中涌现了很多有创新意识和创新能力的人。但这不等于他们完全没有政策,比如说,美国大量吸收外国留学生以及移民的政策肯定对美国的创新力量有帮助。又比如说,1945年第二次世界大战眼看就要结束的时候,杜鲁门总统就如何加强美国战后的科学发展的问题向当时麻省理工学院的校长布什教授咨询。布什教授建议建立一个国家科学发展基金会。65年来,这个基金会在由总统提名、由学者组成的"国家科学理事会"(National Science Board)的监督下,提供了大量的资助与基础设施,确实极大地加强了美国在科学上的力量。所以美国不是没有政策,但这些政策是一般性地鼓励科学的发展,用更多的资源鼓励科学家的出现。

前面说过,我认为创新人才可以培养,但是不能够铸造。这里说的培养只是广义上的培养,谁也不清楚到底培养创新人才的具体过程是什么,创新人才涌现的路径是什么。

所以,我目前的一些想法是,与其刻意找出培养创新人才的模式,不如致力于建设创新文化。创新文化不是一台机器,从厂家搬回来就能用。每个民族都难以否认,更难以摆脱自己的文化传统。但是任何社会也都能够在固有的文化传统之中、在有限的范围之内塑造自己的未来,就像每个人都能在一定范围内选择和创造自己的未来一样。对个人而言,我不同意宿命论;社会文化传统,我也不认为是僵化而不可改变的。但是,如果说所有社会都能够由此岸过渡到彼岸,一切只在乎有没有这样的决心，我又觉得这是太过于轻视传统与惯性的作用。任何一个文化传统都有可能或正面或负面地影响到创新文化的建设，想要建设创新文化的社会不可没有这种自觉性。

谈到建设创新文化，我觉得有几个条件应该具备：

首先，有创造力和有创新能力的人应该受到社会的重视。举例来说，巴黎的大街上到处有以著名学者和艺术家命名的街道，在北京（或其他城市）几乎没有一条鲁班大街或是李时珍胡同这样的命名。如果大家都不尊重知识创新者，会有多少人愿意毕生追求学问呢？

其次，对科学和艺术的评价要基于互相比较和公开讨论。如果让人情、面子或是权威成为决定评价的因素，那么创新成果的不可测性就会很大，因而使有能力的人却步。

最后，需要有积极鼓励创新的法律和经济激励制度。如果大家都不尊重知识产权，还有谁会愿意冒风险从事创新活动？如果创新者没有适当的渠道去获取所需要的资源（如优秀创新基金、风险资金、中小企业创业贷款、孵化器减租计划等），许多有潜力的计划就可能永远没有起步的机会。

同样重要的是，社会要能给失败过的人第二次机会，这样才会降低从事创新活动的个人成本。如果一次不成功，就打入另册，永远无法东山再起，还会有多少人肯冒这样的风险？假如有一部健全合理的《破产法》，那么就等于社会给了从事风险较大的创新活动者一种法律上的保护。

创新文化中很基本的一条是难以定义却又实际存在的文化基因。让我们看一看三个古老文化传统中的创新基因。

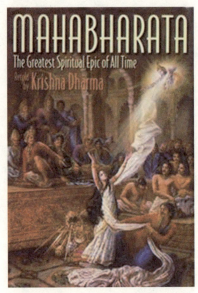

印度的《摩诃婆罗多》是充满神话和想象力的史诗

印度的第一名著《摩诃婆罗多》(*Mahabharata*)，是印度的史诗。它的汉文版是季羡林老先生翻译的，里面充满了神话和想象。从这一点看，活泼丰富的想象力存在于印度的文化基因里。

荷马的名著《奥德赛》

希腊的神话大家知道得多一点，有神、有人、有神和人恋爱生子，想象力异常丰富。我以前有一个希腊同事，他的孩子四岁的时候，他就每晚在孩子睡觉前给他读史诗《奥德赛》(*Odyssey*)。我问他四岁的孩子能懂吗？他说，我四岁的时候，我爸爸也念这些给我听，慢慢我就懂了。这是希腊文化传统中的基因，这个基因在2004年的雅典奥运会中表现得非常明显。

我们的古典名著，讲社会伦理的多，讲想象力的少。但不是所有的书都这样，比如说《山海经》和《西游记》就充满了想象力；《红楼梦》也不是那么的道貌岸然。所以不能说我们的古代名著都是在框框以内的。

《山海经》里也充满了想象力

从历史上看，中华文化中非但没有阻碍创新的基因，反而有十分杰出的纪录。如果这个基因能够配合上面提到的那几个社会条件，那就很可能是必要条件加上了充分条件。然而，为了得到那些充分条件，当下社会环境中需要改变的地方也不少。所以我的结论是：事有可为，事在人为。谢谢！

提问环节

提问1：您本人应该是很小的时候在内地成长的，您当时读《三字经》、《百家姓》，可是我认为您现在的思维已经完全西化了，很像一个西方人。不同的教育环境对人不同的评判方式，换句话说，就是看人的标准，是不是对人的成长起到了关键性的作用？也就是说在目前这种教育体制下，更多的是希望这个人是一个全才，是高分的人、均衡的人，那么评判人的标准是不是最关键的问题？您认为在这个过程之中，对您个人的成长和发展，什么因素起了决定性的作用？

张信刚：我很简单地回答一下。为了要讨论某些问题，不得不把人简单归类，比如说你说我的思维很西化。可是任何人都不是一个简单的非此即彼的选择的结果，而是通过长时间、多形式的社会化的综合结果。我不知道什么因素在我身上起到了决定性的作用，但是我觉得老师应该发挥他本人总体性的影响，加上学生自己本身的主观能动性，就成了后来的综合结果。我不认为我们应该用单一的标准评判这样的人是好的，那样的人是不好的。

提问2：张教授您好，前几天网上有一篇报道，说我们北京大学前任的校长说中国没有真正一流的大学，我知道您在全国多所名校都教过书，以北京大学为例的话，它与国外名牌大学的区别是什么？

张信刚：如果就社会影响以及未来成就的潜能来说，北京大学不只是一流大学，甚至是世界上排在前面的最重要的大学之一。这并不是因为我在这里才这样说，大家可以看到，世界上可能没有一所学校在一百多年的历史里对于这么一个人口众多的、古老的民族起到过这么大的作用。但是假如你说今天北京大学的学生和其他世界公认的一流大学，如哈佛大学、剑桥大学的学生，不管是比智商，还是比其他能力，是不是一定赢，那我不敢说。但在我教过的学生里面，从我个人的观点来看，北京大学的学生绝对是一流的。不用想都知道，选拔的方法就已经决定了这一点，特别是这几年来北京大学光华管理学院的发展情况，学生的素质就更不用说了。所以我的答案很清楚，绝对是一流的，将来的前景还会无可限量，但是不等于今天就比人家强到哪里去，特别是在学术研究的成绩方面还有待加强。

提问3：我知道您也是一位医学工程专家，我有一个很大的困惑，中医现在在世界上还不被认可和接受，但对我们民族来说这方面的发展应该是有很大潜力的，现在中医方面的瓶颈和将来科学的研究还有很长的路，应当如何开拓呢？

张信刚：这个问题，我想换个方式来回答，好吗？就是说，现在我们看到我刚才提到的那些医药公司采用的方法、制出的产品和创造的利润，其他的民族传统医学如何来追赶呢？比如说，印度在它的热带环境下，也有自己的草药传统，类似于我们《本草纲目》里记载的植物，他们也在努力发展民族医学，并且用现代科学方法鉴定和制造传统药物，叫做 Vedic Medicine（中文可以译作吠陀医学，因为 Veda 中文译为吠陀经）。我觉得各个不同的民族，包括我们现在认为科学不发达或者落后的民族，他们在发展过程中都有一些针对自然、针对疾病去治疗的方法，因此会有所谓的蒙古大夫、西藏大夫、芬兰大夫、格鲁吉亚大夫。中医只是其中的一种形式，并不是说全世界的医学只有西医与中医，更不能认为现代医学都是由欧洲人创造出来的。今天的欧洲医学在很大程度上是继承和发扬了阿拉伯医学；一直到14世纪在欧洲所用的内科教科书还是由阿拉伯文翻译成拉丁文的，原作者是11世纪时一个出生于中亚的波斯人，后来去巴格达工作，叫做伊本·西纳 (Ibn Sina)。而欧洲人当时并没有刻意提倡欧药。每个人不管皮肤是什么颜色、头发是什么颜色、说什么语言，基本的生理状态是一样的，所以治疗和护理的方法应该是差不多的。因此医学科学最终应该只有一个。不同人口的地理环境不同，对抗疾病的历史经验也不同，因此会有不同的药材和药方。中医的基本出路在于让它接受现代科学测试方法的检验和总结。

提问4：根据您的观察，香港在培养创新人才以及营造创新文化方面跟内地有什么区别？或者说有什么好的措施？您在就任香港城市大学校长期间，在培养学校的创新文化方面有什么好的措施？

张信刚：我不觉得香港有什么特别的措施，我也不觉得我们的成就有什么特别骄人的地方。香港人的创造力不比北京人、苏州人或者长沙人高明，大家都差不多，大家都是在共同祖先的影响之下。虽然教育制度不太一样，但是香港的教育里也充满了背诵、考试等问题；课外补习，我刚才说到的问题，北京有的香港都有。至于在香港城市大学我做了什么我自认为有意义的措施，我想应该是我有机会把我自己对于教育的心得和理念向同事们和社会上相关的人士作介绍，并且得到了他们的同意以及他们所提供的资源，建立了包括中国文化中心和创意媒体学院在内的几个大型的开放的教研机构。我又认为，不管是学文的还是学理的，对于世界历史有了认识，对于自己的文化有了认识之后，对事物会有比较正确的判断，也容易触类旁通。这样能使学生增强自信心和自豪感，比较容易在未来的发展中取得成绩。所以我们规定了六个文化课程的学分，全校本科生无论什么专业都要修习。假如说有什么我自己觉得可以骄傲的地方，那就是上面这两点。

提问5：谈到培养创新人才，文化背景对于人才的培养有着非常重要的意义。在创新机制或者体制方面对于人才的培养有没有影响？您认为，比如说内地大学的行政化，对于我们现在人才的培养有多大的影响？

张信刚：这个问题是个很受热议的问题，我知道一般人的答案是什么，就是说，有行政化的问题；我也会说，肯定有，但到什么程度、负面到什么程度，我没办法量化，但知道它应该得到重视。

但回到创新这个问题，不是说刻意去培养某一个或几个人，而是让更多的人有机会。所以我对于教育的发展、教育的均等看得很重，刚刚说的那些国家，90%~98%的人都是高中毕业。比如互联网用得多、手机用得多的国家，在财富积累过程中，他们的领导人愿意增加教育的预算，提高一般人的素质。而就海湾地区的国家来说，他们的石油创造了大量的财富，但是没有还之于民，没有让人民都受到良好的教育，人才主要是从外国聘请的。

1949年中国每一万个年轻人中才有一个有机会念大学，全国只有500个研究生。所以毛泽东那时候认为初中毕业的人就是知识分子。高考恢复两年之后的1979年，1%的人有机会念高中以上的高等院校，今天是22%。今天95%以上身体正常的15岁以下的孩子都在就读，所以我认为只要有适当的环境，人的创造力自然而然就会出来，创新人才就能涌现出来。所以脑力的开发是非常基本的条件。比如说，芬兰拥有诺基亚这样一个大公司，全国只有500万人，许多在别的地方由小学毕生生承担的工作都由大学毕业生来做。但是现在中国许多大学毕业生找不到事做，因为我们现在还在一个经济和观念转型的时期，大家都认为大学毕业生应该做某种事情，有怎么样的办公室，工资要比高中生高出多少，等等。但你想，当初只有1%的人读大学，那当然要享受这种待遇了，而今天22%的人读大学，根据教育规划再过多少年的话应该是40%的人读大学，40%的人读大学比芬兰、挪威、美国、加拿大这些国家还低得多呢。

所以，让他启蒙，让他的脑子能够开发，开发之后只要不是把有脑子的人都闲置或是禁锢起来，日后肯定有创新人才出来。

提问6：您是一位非常知名的科学家和非常成功的管理者，您怎么看待创新与企业家精神？另外您认为创新人才是天生的还是后天的？

张信刚：创新与企业家精神应该是很接近的，因为我不能想象一个墨守成规、没有能力跳出框框思考的人会成为成功的企业家。但企业家可以是却未必是我刚刚讲的创新人才，因为企业家未必发现了过去他人没有发现的东西，未必发现了新的材料、新的技术，企业家是在既有的社会环境或者既有的法律之下，能够运用自己的智慧，利用一些资源，来获取利润。我认为这样的人才是企业家，但是如果没有创新能力，就不能称为创新人才。

第二个问题我不敢说，如果完全否定先天有影响的话可能不科学，因为我们知道有人生下来就有疾病或者存在智力问题，也有人具有超人的智慧；但是我绝不愿意忽略后天的影响，就是说没有什么人是天纵英才，不经过社会的陶冶就能有很大的成就，后天的影响一定有。

提问7：其实中国过去有很多的发明，鲁迅也说过，中国人发明了火药，但只是用于爆竹的应用上，目前也有很多科技领先的成就，诞生了很多奥运冠军，但是国人却很少有机会锻炼，这样的民族现状是不是注定了咱们的创新只能是一句口号？

张信刚：你的问题应该是语重心长的一种，我很能体会。但是你的问题超过了我的范围很多，比如说普遍性健身运动相对于培养奥运冠军，我今天没有考虑这个问题。

我能回答你另外一个问题。我也很佩服鲁迅，十几岁在台湾的时候就偷看了鲁迅的一些著作，受到了他的影响。但是你刚刚引用的鲁迅的那段话是不正确的。中国是最早把火药用在战争上的，"火蒺藜"是宋朝时发明的，蒙古人在西征的路上逐渐把这套方法带到西边去；蒙古人已经懂得用火药攻城，然后欧洲人才学到。但是以讹传讹，许多人都认为中国人爱好和平，所以发明了火药后却只当爆竹来玩儿，外国人学到了火药就拿来攻城略地。这在历史上肯定是不准确的。

国家，民族，整个社会，这是非常大的问题，作为一个社会学家得有宏大的概括能力才能回答你这个问题。我作为对今天这个题目做阐述的人，没有办法很清楚地用一句话回答你，中华民族究竟能不能真正释放出创新力，是不是我们的人才就必然限定在表面热闹的程度？假如你问我的愿望和希望的话，我希望绝对不是这样；如果是这样的话，那我们还在努力些什么呢？我绝对希望我们每个人的创造力在未来都能够有所发挥，个人的和集体的都有所发挥。

创造、传统与革新
——我看科技与文化的发展

- 天地玄黄，宇宙洪荒
- 传统固本，革新图强
- 心怀中土，目及八方
- 科技可求，文化难仿
- 社会有序，短笛无腔

内容提要

属于物态文化的科技可以借鉴，而较高层次的思维和意识形态却很难照搬。我想促进的中华文化是现代的、发展中的、包含不同元素的新文化，这个新的中华文化绝不是文、武、孔、孟时代文化的再现，也不仅是汉唐盛世文化的复兴，我们崇敬先贤的成就，但是更重视今人的成就，我们以本民族的文化传统为荣，但是更愿意借鉴其他文化的优点，我们的立足点是今天，我们的着眼点是未来。

我今天的演讲分为五个部分：第一部分，天地玄黄，宇宙洪荒；第二部分，传统固本，革新图强；第三部分，心怀中土，目及八方；第四部分，科技可求，文化难仿；第五部分，社会有序，短笛无腔。

天地玄黄，宇宙洪荒

第一部分是讲世界的创造。地质学家说地球有45亿年历史，考古学家说能够直立行走的类人动物有300万年的历史，历史学家说人类进入文明的时代有1万年的历史。我想讲两个对于宇宙来源的不同的说法。第一个是中国古代传说，盘古在混沌黑暗中挥舞神斧，开天辟地，他每长高一尺，天就升高一尺，1.8万年之后，盘古成为奇高无比的巨人，所以天很高，万物可以在天地之间滋长，他最后年老而亡，倒下之后，身体的各部分成了中国的三山五岳。这个神话中没有提到造物主，盘古氏就从混沌中出来了，也没有提到人类的起源，似乎更接近"大爆炸"的说法。另一个是犹太教的信仰（也是他们和基督教、伊斯兰教的共同信仰），就是有一个全知全能、无形无象、无始无终、既严又慈的上帝按照他的意志从无到有用七天时间创造了宇宙天地、日月星辰、山川河流等，后来又造了亚当，就是人类的祖先。

无论人类的起源是什么，有人类之后就开始有生活，有生活之后就有习惯，有习惯之后就成了传统，所以从创造到传统就是这样来的，而这个传统不是哪个人预先决定的，也不是谁能够随便改变的。

盘古开天辟地

传统固本，革新图强

当具有相同传统的人的生活方式受到冲击的时候，他们往往会从共同的传统那里寻求力量，找寻能够团结大家的认同感。

我们现在所谓的中华文化的传统首先是儒家的学说和社会规范，这个传统是很清楚的，孔子、孟子、荀子（虽然不能说荀子是纯粹的儒家，但是一般把他归为儒家）对社会伦理的学说就是这个传统的基础。然后是道家，老子和庄子这两位对人生和社会的看法使得他们被认为是道家。还有佛教，它已经深入中华文化的机体里面，所以它也是中华文化传统的来源之一。佛教里面的神灵有很多，但是它对人性和人心的看法影响到宋朝时理学的出现。张载的一句名言被认为是理学家的精神号召和他们的道统的支撑，那就是"为天地立心，为生民立命，为往圣继绝学，为万世开太平"。朱熹重新注解了《四书》，把他对哲学的认识融入儒学里，成为宋代理学的集大成者。

现在我讲两个传统的例子。第一个例子是关于锡伯族的。乾隆曾经从东北调了四五千名与满族关系较近但又不是正宗满八旗的军人和家属到伊犁去戍边。这些人长途跋涉，走了18个月才到达防地，本来以为过几年就会调防，可以回到东北的家乡去，但是朝廷的调防令一直没下来，而这一批人保持了他们固有的生活方式，到今天已经200多年了。200年前射箭是非常重要的军事技术，虽然今天射箭已经不重要了，但是锡伯族仍然很重视射箭。200年前他们说与满语相近的锡伯语，现在很多人仍然在说锡伯语。目前这个民族大概还有2万人。200年前他们用满文书写自己的语言，今天仍有许多人可以读写满文；而在全国各地的满族人口中，除了极少数的专家外，都已经不懂满语和满文了。我母亲是在辽宁省海城县的一个满族乡里长大的，她们家族中六代以来没有一个人会说满语，只保持了一部分满族的生活习惯和礼仪。现在故宫里面那些满文的档案资料，主要是由锡伯族的学者进行整理的。满族因为是统治者，没有受到压制和限制，所以逐渐自动地改用汉语；锡伯族在维吾尔族人口众多的环境里，是个不同宗教的少数，反而保存了自己的传统和语言。

新疆锡伯族青年练习射箭

还有第二个例子，是陕甘宁的回民在晚清时起义反抗清政府的事。他们被左宗棠平定后，许多人逃出了玉门关，左宗棠的部队追赶他们，一直追到伊犁附近。他们在走投无路的时候，翻越高山，到了今天的中亚各国。他们的妇女裹着小脚，冬天行路，备受苦难。当时这些地方都在俄罗斯的控制下，这些西北回族人在中亚是极少数，他们一方面渐渐接受俄文教育，一方面又保存了从中国带过去的很多传统，新娘子过门时坐花轿，过年吃饺子。他们说的是中国西北方言，文字用俄罗斯字母拼写。后来的苏联当局称他们为东干族，目前约有十几万人。我去过吉尔吉斯斯坦的东干族村子，他们现在基本上以俄语交流，但是据说多数人还能说西北方言。由于中亚几个国家都发展和中国的贸易，不少东干族的青年都受雇到中国来工作。

中亚东干族

现在让我们看一下地球的另一边。刚才讲的是亚欧大陆的东边，现在要说的它的西边——西班牙和葡萄牙。

1492年哥伦布到达美洲，这使欧洲人的眼界大开、影响力大为增加。1498年葡萄牙人达·伽马绕过好望角，先沿东非洲海岸到索马里和也门，又按古航道渡过印度洋到达印度西南部。不久，葡萄牙的舰队就取代了阿拉伯人的船队主宰了印度洋的贸易，开始了欧洲人在亚洲的霸权。欧洲人的霸权不只是建立在航海的发达和因航海而起的殖民主义上面，这个力量的增长还包括几乎是与之同时的文艺复兴，如达·芬奇和米开朗基罗等人的不朽的艺术创作。1511年葡萄牙人已经到了今天马来西亚的马六甲海峡，建立了通航的要道，1517年葡萄牙人首次到达中国的珠江口，1534年占领日本长崎，速度确实惊人。

1543年，波兰人哥白尼不理会《圣经》的说法，以他的理性追求对自然界的认识，提出了天体运行的学说。其实，这就是由希腊人开始的、中世纪由阿拉伯人继承的、西欧人在14～16世纪所兴起的文艺复兴的基本精神；它是要重新恢复古典时代希腊人用理性思考、用逻辑推理的治学方法。这是对中世纪的神学宇宙观的逆反，尽管当时的科学家大多数仍然信仰基督教。1698年牛顿在物理学方面提出了非常清楚的定律，并且能够量化。这是人类有史以来最重要的一场科学革命，它不只是使人对自然界的规律有了新的认识，同时还使人能够计算和量化物理现象。在这个量化的过程中，牛顿开创了一门今天数学的基本科目——微积分。

几乎同时，英国的政体也有所改变，君主的权力受到限制，国会掌握财权。也就是说，人类活动空间的扩大、自然科学的发展和社会关系的变革是彼此关联的。

下面再回到欧亚大陆的东边。俄罗斯民族最早可能是由乌拉尔山的一些民族和北欧人混血而成的。当他们进入文明时期不到300年的时候，蒙古人就占领了他们的领土，破坏了他们的教堂，统治了他们200年。蒙古人这200年的统治，给整个俄罗斯民族留下了非常深刻的烙印，这个烙印到今天还能看得到。俄罗斯民族在15世纪时推翻了蒙古人的政权，但蒙古人仍然住在那里。大家知道，今天的俄罗斯还有很多说突厥语、蒙古语的人。后来俄罗斯人逐渐向东发展，在1869年康熙做皇帝的时候，中国和俄罗斯定了一个条约，叫做《尼布楚条约》。这个条约对于贸易有一定的规定，对于俄罗斯东正教的传教士有一定的保护。据我所知，就是因为这个缘故，一些俄罗斯的传教士进了中国的首都北京，他们的少数子孙现在还有在北京的，自认为是中国的俄罗斯族，但是几乎没有人以俄罗斯语为母语。其实虽然他们的远祖是俄罗斯人，但是经过三百多年的通婚和基因转换，他们基本上都成了地道的北京人。

《尼布楚条约》之后不到一个世纪，工业革命就开始了。让我用作曲家贝多芬做代表来看工业革命，因为他的时代正是欧洲工业革命的时代，也是西方音乐"古典时代"的开始。工业革命和古典音乐似乎没有联系，但实际上却是有的。别的不说，今天不可或缺的古典乐器钢琴就是工业革命的结果，要是没有工业革命，就制造不出钢琴的许多部件，欧洲音乐家弹的就仍是大键琴。工业革命带来的制造业的进步，使得大键琴演变为 piano forte（即"强的钢琴"），贝多芬的几个著名的奏鸣曲就指定要在"强的钢琴"上演奏，而莫扎特的一部分音乐则是用琴弦较软的大键琴演奏的。

我们看到，科学的发展、社会的发展、经济的运行、心灵的感觉（比如说音乐），以及经济的理论（比如说《国富论》）几乎同时发生。是不是偶然的我不敢说，至少它们是相关联的。

1840 年的鸦片战争中国人都知道。1844 年电报发明了，1857 年巴斯特发现细菌，知道很多疾病是细菌造成的。这里我要倒推一下，科学是要知其然并且要知其所以然，如果只知其然并不一定是科学。11 世纪的时候有一个在今天的乌兹别克斯坦出生说波斯语的著名医生到巴格达去，那时候巴格达是伊斯兰文化的中心，他被指派找个合适的地方开设一家医院，他就在不同的街道上各挂上一块牛肉，哪里的牛肉腐烂得快就不选哪里，反之，哪里的牛肉腐烂得慢，他就决定把医院开在哪里。他并不知道细菌的存在，但是他知道医院要选在一个通风较好的地方，这就是知其然；而 19 世纪的巴斯特就知其所以然，他知道牛肉的腐烂和细菌的存在有关系，腐烂的速度和细菌的繁殖速度有关，细菌的繁殖速度又和气温以及通风有关，这才叫科学。1857 年巴斯特发现细菌，对生物科学和医学是一个飞跃。当时正是法国强盛的时候，除了细菌的发现，掌握新式的绘画理论和方法的"印象派"也在法国出现。1864年，印象派画家首次自己开办画展，挑战主流派画家。1867年马克思通过在英国大英图书馆里对资料的综合写了《资本论》，这是非常重要的社会学、经济学著作。1869年苏伊士运河正式开通。罗马人大概在2世纪的时候就想要把红海和苏伊士湾之间的窄狭路径开成运河，但是当时施工、调动资源和管理的能力都不够，所以没有开成，但工业革命之后100年，各种条件都具备了。大家有没有听过歌剧《阿依达》？它就是专为苏伊士运河开通典礼而由意大利作曲家费尔迪写作的，但他写得太慢，船都开航了他还没交出作品，主办方只能把他另外一个歌剧《弄臣》拿来充数，通航后他才写出来。1899年中国闹义和团，义和团出现的原因这100多年来讨论得非常多，我就不多说了。但义和团的出现和慈禧对义和团的态度至少说明一件事：1840—1899年这60年间中国的社会和经济、中国的精神世界和道统受到了严重的冲击，一部分人不能接受这样的冲击，也不知道如何迎接这样的挑战，所以掀起了一个用血肉之躯挡子弹的运动，以为自己画一个符就可以刀枪不入，大家当然知道结果是什么。另外一种对冲击的回应就是洋务运动，中国1880年开设电报局，1882年启用第一部电话，1892年开始有私人邮政局。

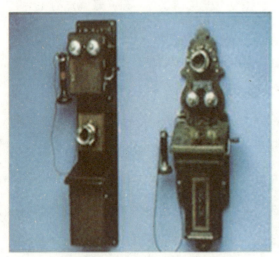

1882年中国在上海开通第一部电话

我们一上来就讲了亚欧大陆的最东边和最西边，刚才又回到最东边，可是我们往往忘记了，在亚欧大陆的中间还有许多其他的国家和民族，和我们有着类似的经验，如果看看他们是如何应对欧洲工业革命带给他们的挑战的，以及他们应对挑战的结果是什么，可能对我们思考我们的文化发展会有所帮助，所以我刚才是从中国开始讲起，跳到葡萄牙、西班牙、法国、英国，再回头讲中国。

现在我要讲位于亚欧大陆中部的土耳其，也就是第一次世界大战前的奥斯曼帝国。当时奥斯曼帝国的苏丹接见朝臣与外国使者的场景十分气派。奥斯曼帝国

奥斯曼苏丹接见朝臣与外国使者

在1729年就请法国军官帮他们建立现代军校，比我们要早很多；中国的北洋军队是在1900年左右才成立的。19世纪初他们把几百年来赖以扩张领土的禁卫军

解散了，改建现代军队。奥斯曼帝国的邮政局成立于 1834 年，1839 年由皇帝下令进行自上而下的改革运动，1866 年已经有了第一条铁路。还有一点大家可能没注意到，那就是奥斯曼帝国是在欧洲最先出现红十字会的，打仗的时候救死扶伤，天灾的时候捐钱捐血；但是奥斯曼帝国是信仰伊斯兰教的，十字架是基督教的标记，以伊斯兰教立国的奥斯曼帝国就在 1868 年以代表伊斯兰教的弯月代替十字成立了红新月会。今天在沙特阿拉伯等穆斯林国家都是用红新月会这个名字。我们中国的第一个红十字会应该是甲午战争（即 1894 年）时成立的。所以地处亚欧之间的土耳其的现代化进程的启程时间要比我们早了大概半个世纪还不止。他们 1876 年公布了第一部宪法，公布之后苏丹不签字，拖了三十多年，1908 年苏丹临终前，在贵族子弟组成的"年轻土耳其党"的压力下才签了字。从那以后奥斯曼帝国成为君主立宪国，而中国的君主立宪是 1898 年康梁变法的时候提出的，但从未付诸实施。现代化对土耳其来说就是西化，当然，我们大可以讨论现代化是不是西化这一问题。第一次世界大战后奥斯曼帝国解体了，伊拉克、叙利亚、黎巴嫩、巴勒斯坦都被英、法给瓜分了，奥斯曼帝国的主体民族土耳其人说我们不要帝国了，能保存本土就行。凯末尔·阿塔图克将军是第一次世界大战战场上的英雄，屡建奇功，又领导了首都保卫战，击退了英国军队，战后成为土耳其共和国的国父和第一任总统；他的服装是完全西化的，和欧洲当时的国家领导人穿的衣服一模一样。他曾经派出许多年轻人到欧洲学习各种工艺，有一个年轻人到巴

土耳其第一位总统凯末尔·阿塔图克身着西式礼服

黎学裁缝，回来后在伊斯坦布尔开了一家西装店。这时凯末尔刚好要就任总统，需要穿西式礼服，于是他就成了这个留学回国的裁缝的第一个顾客，这也是他第一次穿西式礼服，并且还是由土耳其人自己缝制的。2006年我在安卡拉的科学之城（Bilkent）大学交流一个月，曾和两位女学生合照，她们与欧洲其他国家的大学生打扮得完全一样，但是今天土耳其的妇女不完全是这个打扮，越来越多的妇女开始戴头巾，也就是说传统对他们来说有了与凯末尔时代不同的意义。

作者2006年与土耳其两位女大学生的合影

心怀中土，目及八方

尽管我们今天关注的焦点是中国，但是我们还是要看看其他的国家，认识一下他们的历史文化是什么样的，我觉得有这样一个视野对了解中国是大有帮助的。所以我建议大家要开阔视野，不要总说中国是怎样的，或者至多是比较中西之间是怎样的，我们还要看看整个世界是怎样的。

对印度文化影响最大的是 3500 多年前从中亚进入印度半岛的雅利安人的一些传说，其中主要的有记载的史诗叫《摩诃婆罗多》，今天的印度教里的神祇与宇宙观是根据这个史诗来的；另外一个短一点的叫《罗摩衍那》(Ramayana)。这些史诗和神话的基本概念是说宇宙并没有一个创造者或主宰，而是有一个创造之神叫做 Brahma，中文称为梵天，是宇宙精神的人格化，另有一个维护之神叫做 Vishnu，中文译为毗湿奴，还有一个破坏之神叫做 Shiva，中文翻译成湿婆。印度教的观念是，宇宙无始无终，是一个周而复始的创造、保存和破坏的过程，所以我今天这个题目"创造、传统与革新"，在某种程度上是受了印度哲学的影响。

再看伊朗，2500 年前，当孔子在世的时候，伊朗已经是一个大帝国了，首都在今天伊朗的西南部，离波斯湾不远，王宫的墙上刻着各国人进贡朝觐的景象，正如王维的名句"万国衣冠拜冕旒"。伊朗最著名的一本书是《列王记》(Shah Nameh)，是 11 世纪初的诗人费尔道西用诗的形式写的波斯人的历史。18 世纪时伊朗比我们更早受到俄罗斯、法国和英国的冲击，因为伊朗离它们更近，我们是 19 世纪才受到严重冲击的。所以伊朗统治者把服饰换了，改成欧洲式的。中国战国时赵武灵王胡服骑射和 18、19 世纪的伊朗君主是类似的；其实比赵武灵王早 200 年的孔老夫子曾经称赞管仲，说要是没有管仲的话，我们中原的人的头发都要披散着，袍子上的纽扣也要固定在左边。孔子觉得不应该改衣服，但是到了赵武灵王的时候不得不改了，穿着孔子时的衣服怎么骑马作战呢？除了衣服改了之外，生活习惯也改了。比如，19 世纪的一个伊朗贵族所坐的沙发其实没有什么必要是欧洲式的，大概是他心里面觉得这样的沙发比他原来的更新潮，所以还找画师画了一张像，而画像的技术也采用欧洲式的，传统穆斯林的画法不是这样的。这个例子可以说明，传统是重要的，但传统不是一成不变的，都有改变的可能。现在街上走的教士又恢复了传统衣着。它说明，当一个民族、一个国家的现代化达到一定程度的时候，就可能像钟摆一样又回过头来。最近 30 年来，伊朗境内的任何一个女性的头上都要围上头巾遮住头发,连外国官员和游客也不例外。

在古埃及的陵墓里有一张农民在工作的图画,背后墙上写的是象形文字。1798年由于法国军队的入侵,欧洲学者开始用科学推理的方法破解埃及古代的文字,使我们能够了解古代埃及的历史。今天埃及的断代史比我们的断代史清楚得多。因为每个朝代想证明自己好,都盖一些庙,上面用象形文字记载历史。但是7世纪以后阿拉伯人进入埃及,把埃及本来信基督教的人口逐渐边缘化了,现在大约还有5%～10%的埃及人口是基督教信徒,其余都是穆斯林。7世纪中叶埃及就开始伊斯兰化了,同时也开始了阿拉伯化的进程。从10世纪开始,埃及的全部人口,不论是穆斯林、基督教教徒还是犹太教教徒一律都说阿拉伯语。

19世纪伊朗贵族的服饰与沙发

古埃及陵墓中的农民工作图

莫斯科红场

法国著名的文化旅游胜地 Mont Saint Michel

俄罗斯是一个比较新兴的民族，在15世纪时才真正建立起自己的身份认同。他们最早的政治中心在今天乌克兰的基辅附近，10世纪信仰了东正教，创造了俄罗斯字母；13世纪时被蒙古人占领和统治，15世纪时莫斯科大公统一了伏尔加河以西的一些地方，首都就设在莫斯科。莫斯科的红场是俄罗斯的文化和政治中心；著名的红场大阅兵就在这里举行。17世纪初彼得大帝认为西欧比较先进，把首都从莫斯科搬到今天的圣彼得堡，这是一次传统与革新的角力，革新派占了上风，因此带来了俄罗斯民族的强盛。

再看看法国。中世纪天主教修会（本笃会）在一个小岛上建立起法国今日的文化盛景之一的 Mont Saint Michel。有一个叫做 Montargis 的小镇，就是邓小平等人当年去勤工俭学的地方，当时他在那里当橡胶厂的工人。我去 Montargis 的公立图书馆参观时留了影。假如你问法国人：你们法国最值得骄傲、最愿意向世人推荐的是什么，几乎每个人都会告诉你，是"自由、平等、博爱"。这个法国大革命时期的口号，是不是做到了是另外一件事，但这绝对是他们的信念。在法国的学校里面以及公共建筑上面，一般都写着"自由、平等、博爱"这三个词。

作者摄于法国小镇Montargis的图书馆门前

最后看美国。我想美国人都会同意法国人在美国独立之后送给美国的自由女神是美国的精神象征，也是渡过大西洋的欧洲移民最早见到的美国象征。美国还有另外一个著名的文化传统——大学里的美式足球赛，它既是一个大的体育活动，也是大的商业活动，同时还是美国独特的社会传统。

美式足球是美国传统文化的一部分

科技可求，文化难仿

我想这八个字其实已经把我的观点说出来了。我这里说的是"我看科技与文化的发展"，是我看，不是必然如此。但是科技和文化如何分野？因为我曾经做过香港文化委员会的主席，知道关于文化的定义有许多，可以分不同的层次。比方说"自由、平等、博爱"，它是属于意识形态层次的文化，还有审美观、人生观和宇宙观（人生观和宇宙观是相关联的，不可能你又信这个世界是上帝造的，又说我就是不管上帝要我怎样做人），都属于这个较高层次的文化。我现在讲的文化应该是包含科技在内的较为广义的物态文化。衣、食、住、行属于物态文化的层次，而这方面的改进肯定要包括科技。

汉语是单音节，所以我们往往把"科技"两个字并而用之。其实，科学和技术是不一样的，技术是让你知其然，科学是让你知其所以然，技术带有实用价值、实用目的，科学是为了求得真理，认识人和宇宙之间的关系，以及其他客观存在的定律。这个分题叫"科技可求，文化难仿"，就是说属于物态文化的科技可以借鉴，可以花钱买，而较高层次的思维和意识形态却不能照抄，更买不到。我的结论都已经摆在这里了，对此我只举一些例子。

在希腊科学的影响下，经过文艺复兴和后来的启蒙主义、工业革命，西方人对人和宇宙的了解不一定高过我们，但是对于自然现象的了解，不论是天文、地理、物理、化学和生物都大大超过了中国任何时代的认识水平。中国已经知道要了解西方，所以设了同文馆，在其中设了一个天文科、一个数学科。设立这两个学科就等于告诉国人，我们的国学里是没有这些的，要是有的话就不用设在同文馆里了，应该在私塾里都教才对。同文馆是19世纪80年代设的，而顺治时（17世纪中叶）钦天监的负责人是欧洲人汤若望和南怀仁；这些欧洲人给我们重新厘定了历法，早期我们观察天文现象比人家先进的时候实际上已经过去了。其实再早三个世纪，朱元璋建立明朝的时候就下令采用回回历，并留用了不少在元朝任职的来自中亚的天文学者。

到了20世纪，普朗克的量子论让人类进入了微观世界。以前牛顿他们研究的是宏观世界的现象，比如天体运动中的轨迹如何，或者是两个球相撞时的动能交换等。从普朗克开始，人类开始认识到无法看到的原子核和电子的运动轨迹以及它们相撞击时能量变化的情况。

1942年的雷达是把电磁波的理论拿到战争中运用；1940年发明的抗生素，利用巴斯特发现的细菌自身的新陈代谢来消灭细菌。紧接着，令人目不暇接的原子弹爆炸、计算机的运用、电视、半导体、激光、集成电路、微处理器等都在一代人的生命中出现。现在一个人的平均寿命是75岁，从1900年普朗克的量子论到1973年微处理器的出现，都是在这75年里发生的。所以在这个急速的世界性的大变化中，问题已经不是说要不要保持传统的生活方式、想不想接受西方的事物，而是如何去跟踪变化、学习人家的经验了。总体来说，不是这些惊人的发展的原创地的人们，很大一部分还是能够学习和掌握到新事物的，中国就是一个很好的例子。所以我说"科技可仿"。

比如说中国今天的大学或是中学，科学教育和西方是并轨的，我们的教科书和西方教科书的内容没有两样，不同的只是文字。不可否认，文字作为工具还是重要的，有的文字易于表达精确的概念，有的则容易产生不同的解释；前者可能更有利于科学的传播，而后者则较适于文学的表达。数学上，汉字明显较阿拉伯数字难以处理；以前欧洲人用罗马数字也是一样有问题，可是欧洲人很早以来就学习了阿拉伯数字（阿拉伯数字其实不是阿拉伯人发明的，是印度人发明的），有了那个数字系统，就容易做数学了。

1994年我在匹兹堡大学做工学院院长的时候，对电脑是不太通的。有一个副院长问我要不要给我们的学院也搞一个home page。我并不知道home page究竟是什么。1996年我到华沙去观光，买了一块波罗的海的玛瑙，质地很好，价格也便宜，店主给了我一个网址，说你回去以后还可以上网再买。才短短两年时间，互联网上的网址就多了那么多。可以看出网络发展的速度之快。不要说古人没办法理解，今人也都感到很奇怪。

学习科学容易，比较难的是改变人的思维模式和人与人之间互动的模式。社会对创新的容忍与鼓励、个人对他人权益的尊重，都是和深层文化有关的问题，绝不是说改就能改、想要什么就变成什么的。那么，我们应该做些什么呢？

社会有序，短笛无腔

国家是需要治理的，治国之道，管理社会之道，我没办法说清楚，想了解也了解得不透彻。但是宋代诗人雷震有两句诗，"牧童归去横牛背，短笛无腔信口吹"，因为我的名字里有个"信"字，所以这里我就短笛无腔信口吹了。我是姑妄言之，你们就姑且听之吧。

中国讲的是天、地、君、亲、师，是父父、子子、君君、臣臣，是这样一个道统和伦理；许多人都说儒家思想的核心就在于社会秩序的稳定。20世纪美国的中国问题专家费正清（John K. Fairbank）说中国的社会是一个超稳定结构，这个"超"字用得是不是准确我不知道，但是中国在孔孟以及后来的帝王们的推动下社会长期稳定，因此农耕、商贸得以发展，而不是动不动就像欧洲那样在封建割据的局面里你打我，我打你，以至于打到教会要规定每个星期五是上帝休战日，因为连上帝用一个星期创造世界都要休息一天，你们打仗还不休息一天吗？每星期一天的休战日，大家可以修修补补，回家看看，或者送点补给品等。中国虽然也周期性地有农民起义，但是整体说来2000年来是比较稳定的社会。但是到了清朝中叶以后，中国社会的稳定性受到了莫大的冲击。社会上出现了现代派与传统派、西化派与国粹派。"要现代化不要西化"，许多人都这么说。"中学为体，西学为用"，洋务运动的人这样说。西学是什么？是科学技术本身，还是科学技术所代表的人文价值？追求真理的精神是体还是用？这个他们没有考虑，因为说这些话的人对西学是不理解的。

现在许多人都热衷于"东学西传"，包括我自己，但我们应该传的究竟是什么，什么是我们希望并且能够让外国人了解的中华文化，中华文化的核心价值到底是什么？当然今天我们都知道人与自然的和谐、人与人之间的和谐以及人自己内心的和谐是非常重要的文化内涵，但是25年前你问一个中国人，250年前你问一个中国人，他们会给你同样的答案吗？假如说我们的文化传统有2500年的话，为什么25年前、250年前的答案会是不同的呢？那么当我们说要"东学西传"的时候，首先要想清楚究竟什么是东学，我们想要告诉人家什么？我前面说过了，你到法国去，不管当地人的教育程度如何，你问他法国最基本的立国精神是什么，他肯定会说法兰西共和国的基本精神就是"自由、平等、博爱"，从法国大革命1789年喊出这三个词来，到现在一直没改过。"21世纪是中国人的世纪"，许多网民和热心的朋友都喜欢说这句话，那么我也想问一句，什么才叫"中国人的世纪"？这怎么定义？与此相关的还有许多人都关心的一个问题：中国人的文化应该何去何从？这个问题里面包含了一些焦虑，包含了一些不定性，显示了我们并不清楚我们究竟希望把我们祖上所传下来的，以及聚集在960万平方公里的土地上的13亿同胞的文化带向何处，否则的话，这个问题不会如此频繁地被提出来。

我做过三年香港文化委员会的主席；在内地，有一个民间性质的、由不少文化界先进组成的中华文化促进会，我担任了八年的副会长。这些经历都让我思考几个问题。

中华文化有哪些特点？我不是说中华文化的核心是什么，这个很难说，有人说中华文化的核心就在于它的伦理观、稳定性。说到特点，我觉得有几点：

第一是文字。中华文化的基本载体汉字具有鲜明的特性。今天全世界用方块字的民族只有中国、日本和韩国以及少数的一些地区，它的连续性是世界上独一无二的。埃及历史上有24个朝代，但是中间许多朝代是外族统治的，希腊人统治了它几百年，使语言和信仰都改变了，但是中国的连续性非常强，基本上没有太大改变。从2700年前的《诗经》到现在没有太大改变，《诗经》上的一些句子我们现在都能理解；1600年前王羲之手写的字大家都还能认得。

第二是天人观。比较注重现实，比较注重今日的世界，不太注重往世，也不太注重来生。

第三是伦理观。对于宗亲的重视，对于乡里的重视，还有对于尊卑的重视，构成了我们的伦理观。

第四是审美观。不管怎么说，中华民族特有的审美观有一种独特的境界，一种超脱于现实但又不远离现实的境界，不是完全虚幻缥缈的，但也不是写实的。我们的艺术就是这样的。

第五是个人气质。在中华文化中，我认为一般人有种气质，比如说"内敛"，虽然我最近在街上常常看到动不动就破口大骂、动不动就推人挤人的情况，但是内敛总体来说是中华民族文化的一个特点。还有，"平衡"和"中庸"是很容易察觉到的国人的气质；做事不走极端，不坚持自己是绝对正确的。还有一点是很重要的，那就是"坚韧"。就是由于有文化的积淀，许多人都可以在逆境中奋进。想想中国历史上的灾难，不管是战争还是天然的灾难，在多么苦的情况下，人们都能利用他们微小的力量和资源活下去，并且继续用一点点微量的火光照亮自己生活的希望，让这个希望慢慢光明起来。这种韧性在各个民族中是少见的，凭勇气斗一下是一般人可以做到的，但是凭大智慧接受考验是不容易的。这是为什么呢？有相当一部分的原因是因为我们大家都有"苦尽甘来"、"否极泰来"以及"福兮祸所伏，祸兮福所倚"这样的信念，这就使我们容易忍耐，认为可以熬出头。

第六是包容性。儒、道、佛三家是中华民族文化的重要组成部分，尽管今天许多人提倡崇尚儒家，但这些人也不会说儒家要独霸，要把道家从中华民族的文化里面赶出去，把佛教挤出去。所以这个包容性和许多崇奉单一信仰的民族很不同，特别是和信奉犹太教、基督教、伊斯兰教相信自己是唯一及绝对正确的民族很不同。

当我们研究自己的文化的时候，我觉得在自然科学研究上的两句话是很重要的：不管你多么喜爱或者憎恨你研究的对象，你在研究它的过程中应该严守价值中立的立场。不能说我研究儒家的目的是要发扬儒家精神，是要发扬它的道统。这样就不是研究而是推介或宣传了。就像太空舱里面的宇航员，因为喜爱自己祖国的山河，就只拍自己国家的山河的精致的照片，对其他国家的土地视而不见，这就不是研究地球物理了。

最后我想和大家分享我以名誉主席的身份为香港中华文化促进中心写的一段话，登在促进中心的会刊上："我想促进的中华文化是现代的、发展中的、包含不同元素的新文化，这个新的中华文化绝不是文、武、孔、孟时代文化的再现，也不仅是汉唐盛世文化的复兴，我们崇敬先贤的成就，但是更重视今人的成就，我们以本民族的文化传统为荣，但是更愿意借鉴其他文化的优点，我们的立足点是今天，我们的着眼点是未来。"谢谢大家！

提问环节

主持人：非常感谢张教授的精彩讲演，我今天也是非常激动，能够再一次聆听我的校长这么精彩的讲演。我今天的收获很大，特别是解惑了我经常在课堂上给大家解释不清的一些现象，比如刚才说的文化。我在给大家讲解文化的时候，总是说文化是一个定性的东西，是一个抽象的东西，是不可量化的，但是今天确实是打破了原来的想法，文化确实是很抽象的一个东西，但是通过这样的一个分析我们知道了它的特质，中华文化的特质，同时也非常意外地得到了一个定量的描述，这个描述确实具有非常重要的意义。第二个收获，过去我一直认为，创新是一个比较狭隘的概念，但是我今天领悟到它可能有一个更深远的底蕴，就是来源于文化，有文化的奠基。再一个，我想在中国大地上，创新源于中国这样的文化，可能会有一个更广阔的发展空间，从今天这样的一个分析我也更加坚信这一判断了，下面的时间还是留给大家和张教授进行互动。

提问1：张教授您好，我想问一个关于大学教育的问题。一提起民国的大学教育，我们都会想到相关的大师，会想到独立之精神，自由之思考，仿佛那个时代的人不食人间烟火，今年《凤凰周刊》有一期文章专门讲述大学之道，近三十年来中国的大学是无根之草坪，无魂之器物，实用主义受限，天之骄子仍然只是芸芸众生，他们仿佛像产品一样被制造，甚至失去了独立思考的精神，我想问您社会既然如此，我们的大学何以独善其身？我们的大学何以培养未来国家的精英？我们是靠现有的教育体制创新，还是靠今天您所说的传统文化去指引？我想听听您的见解，谢谢。

张信刚：这个题目实在很大，我在这里没办法充分发挥，但是我想我至少可以说两句话。第一句话，不管你刚才的一段描述我是不是完全理解、完全同意，我绝对同意你有这样说的权利，以及你有这样引用的权利。第二句话，大学和社会不是分开的，不是一个独立的象牙塔，离社会远远的。大学里所有的东西都来自于社会，也应该回归社会，所以大学的学风、作为、资源之取用都和社会有关。社会穷困，大学不可能富有；大学的知识贫乏，社会不可能发达。有识之士或者有志之士应该尽量让大学和社会有良性的互动，能够把我们这个社会的资源配置得好一点，让在学校里面的师生们能够影响社会上的其他人，也能够让大家觉得大学是值得把子弟送去的地方，而不是像现在某些人那样，把大学说得很不堪。当然我相信那是一种恨铁不成钢的说法，我们任何人都有恨铁不成钢的情绪，不过说完了之后还得要回到现实，就是说，大学不是一个独立的象牙塔。

提问2：张老师您好，我想请教您一个问题，在您刚才的PPT中，说到咱们要反省自己的文化，从您多年的思考来看，您觉得哪些方面是我们应该反省的，或者是有一些可以传授给我们的？谢谢。

张信刚：那很多，时间关系我说三个方面。首先，我们在思维过程中，往往是过去的知识分子给我们带来的习惯，使用的词句让我们注重宏观，不注重微观；什么事都是大而化之，堂而皇之，比如说开口就说某某省的经济发展得很不错，好像就够了，就算了解了，其实对这个省有多少人口、是什么地理环境都不清楚，根本没有能力或是意愿去做具体的分析。真正科学的方法是应该既有微观的分析又有宏观的综合，我觉得总体说来我们前人留给我们的，更多的是宏观的综合，而不是具体而微观的分析。其次，由于中国还没有真正经过工业革命，所以一般人对于准确、精确不太看重，胡适在五四运动时期就写过一篇《差不多先生传》，指出中国许多人的通病。对于农民来说，日出而作、日落而息就行了，不用那么准时。但是在流水线上工作的人就不能说我现在饿了就离开岗位去吃饭，必须是很准确的，如果一分钟、一秒钟没有人接替你，你就不能离开流水线。所以对于精确的要求往往不够。最后，孟子时代曾说过"民为贵，君为轻，社稷次之"，但2000年来的帝王制度使得孟子的这句话缺乏实际意义，帝王思想、等级观念都太强。这些都是值得我们反思的。

提问3：张老师，一般来讲我们以前总强调修身、齐家、治国，然后才能平天下，可是更多的时候像您说的，现代人生活在现代，他修身的水平还不如古人，您怎样看待这个问题？作为新时代的年轻人，应该怎样更高地要求自己？还有，品位很重要，您觉得怎样让大众逐渐地提高品位？刚才您也提到一点，怎样让受了更高教育的人能够影响到别人，但是更多的情况却不是这样的。您怎样看待拥有高学历、高知识、高学位的人的品位却很低，包括身居高位却知法犯法、贪污受贿，等等，谢谢。

张信刚：首先，我只能说这要取决于你怎样看待修身。个人的品德和操守的确不能完全用法令来规定，也就是说，社会要有两种对人的管制。一种是自觉的道德和伦理上的约束，一种是外在的法律和舆论上的约束，这两点必须相辅相成。我觉得目前的时代急剧改变，以前的"超稳定状态"已经破坏了，许多人都没有清楚的价值观，也搞不清游戏规则。我们正在重新建立社会秩序的过程中，因此有相当多的人，特别是掌握权力和资源的人，既缺乏自觉的道德和伦理的约束，又想方设法规避法律的制裁，以至于造成了大家都诟病的贪污腐败现象。其次，中国的伦理观之一就是要对宗亲和乡里好，对生人就无所谓。因此中国社会上很多人还是以宗亲乡里为认同对象和安全提供者。假如我是个交通警察，我在路上看见有人超速，是我表弟，要是我硬给他一张罚款单，回去后亲戚朋友都会骂我。所以如果一个社会的风气是要保护有亲缘关系的人，那么个人就不是对具有绝对权威的法律负责，而是对邻里或者宗亲负责。在这样的社会里提倡"法律面前，人人平等"，法律要有独立的尊严，就不会很容易达到。我刚刚说的是每一个流体的粒子都是由它的轨迹决定的，我们今天的现象也是由过去的轨迹决定的。我站在这里讲话的时候，我也不能脱离我的传统，但是我意识到，作为一个观察者，我看到大家都在画同心圆，自己的小家庭是最小的圆，然后一层一层地扩大，处在大同心圆之外的人就不理了。有一个可能性，上公共汽车的时候遇到你不认识的人你就挤别人、撞别人；在进出门口或电梯的时候，如果看见的是熟人，你们就拼命让来让去，结果谁也过不去。这种行为不是由现代的效率概念决定的，而是由传统的社会伦理决定的。

提问4：张教授您好，我有一个问题，一直有这么一个说法，说中华民族，或者说中国人有一种特别强的同化的特质。比如说我们同化了曾经的外来的满族统治者，元朝的时候是蒙古人，还比如11世纪左右有一群犹太教的人到开封，后来就消失了，融入中华民族中了，但是犹太教的人在欧洲却没有得到认可，后来跑到中东去建国了。我想问的就是这个所谓的同化问题，也就是说中国人有一种极强的同化精神特质，您同不同意这种说法？您是如何看待的？谢谢。

张信刚：比起"同化"这个词，我情愿用"包容"一词，也就是说我们在自我的价值观里面没有说我的必然比你的要强，我可以容忍你不同，所以我们中国叫"和而不同"，这一点我十分相信。如果真正有这样的观念，那么谁不吃猪肉（犹太人不吃猪肉），就与我吃猪肉不相干，我不会说他非得吃猪肉不可，这是和而不同的包容性。包容是人家愿意被同化的第一步，假如同一批人到另外一个地方，邻居看不起他，别的人不让他做公民，也没有上升的路线，那么这些外来的人就更可能产生疏离感。其实阿拉伯民族、英语民族以及很多其他民族的同化力也很强，但真正核心的地方在于，我们中华民族在古代的时候就对不同民族具有比较强的包容性。

提问5：张教授，问您一个问题，中国从农业系统转为商业系统，但现在内地这边的大学反对教育产业化，您当过香港城市大学的校长，在您作为校长期间您在您的大学中是如何运用商业化元素的？

张信刚：每一个社会不同的组成部分都有它的共性，也有它的特质。假如在一个现代化社会里面说一个大学完全不食人间烟火，不需要资金的注入是不现实的。但是每一个机构都有它自身的特性，比如说医院是救死扶伤的，大学是创造学问和培养高级知识分子的，所以在这个特性下应该是有许多人孜孜不倦地投入对于科学、社会、人文的钻研，才能让社会上的其他人觉得这些人是分工之下创造学问以及传授学问的。他们仍然需要和其他的企业、其他的社会组成部分互动来取得资源、取得信息。我相信一个社会需要各式各样的人，需要一些不为金钱所诱惑的人。当然一种有尊严的生活还是需要的，所以大学的工资需要让一个教员能够过上一个社会平均水平以上的生活。这就是我看到的比如美国、加拿大以及今天中国香港地区的情况，这些教员们不必再花太多的时间去奔走、创收，等等，因为他们的基本生活已经获得保证了。可是这也不等于说他们不应该与外界往来，我的看法是，大学的特质决定了它不应该是一个纯粹商业化的运作。

提问6：您的讲座使我浮躁的心平静了下来，我现在不是问您问题，而是想回答您的问题。文化的核心问题是什么？您的这个问题确实把我问倒了，我思索了一下，也许我可以给您一个答案。对于中华文化，一开始您讲到了佛教、道教、儒教，其实中华文化还有一个东西，就是伏羲氏创造的《易经》，他创造了一个基本的哲学：一阴一阳之道，中华文化也是遵循了这个基本的哲学思想在发展，所以可不可以说中华文化的核心内容就是阴阳之道，中华文化其实依着这个一阴一阳之道继续延续下去就可以了？

张信刚：伏羲创制八卦是不是历史上有确切证明我不知道，但是我刚刚说的中国人的韧性比较强，的确受了《易经》思想的影响，比如说居安思危、寒来暑往的概念。要说中华文化的核心就在于一阴一阳或者《易经》，我不太认同，虽然你这样说了，但我要说某些国粹派的观点我是不能同意的，比如《易经》里面说"天行健，君子以自强不息"，这句话对我是有激励作用的，但是有人说电子绕原子核转我们老早就知道了，我们《易经》里说的"天行健，君子以自强不息"就是讲电子的运动，这就不对了。

提问7：谢谢张教授，我的问题是这样的，您的演讲题目是"科技与文化的发展"，我们都知道一枚硬币有反面也有正面，科技可能也是双刃剑，有好有坏。比如说科技让我们与外界有更多的沟通，如果没有万维网我们不可能更多地了解外面的世界，这是一个好现象，但是我们要注意到科技也可能带来负面影响。其实汉字是中华文化中不可缺少的一部分，书法艺术一直是很久远的，但是随着电子邮件的推广，很多人不手写了，可能我们的汉字就会这样被逐渐淡忘掉。张教授原本是学生物学的，生物学有个生物链的概念，生态系统里面的生物链中，任何一个环节消失都会影响整个生态系统，任何一种文化如果说被外界强大的东西侵入，传统文化就会受到影响。丽江那里曾有个东巴文化，但是现在慢慢消失了，我想了解一下科技与文化之间是促进性强一些还是破坏性强一些？现在全球80%的网络都是英语书写，对汉字可能还是有些侵犯性，那么怎样维护我们的文化，而且要跟上科技的脚步？

张信刚：任何东西都有正反两面，科技本身应该是价值中立的，关键看你怎么用。你要知道我们的汉字是有演变的，1956年从繁体字改到简体字，书写的方式也不同，因此我觉得社会的发展是必然的现象，随着时间的推移许多东西都会改变。我们所谓的文化传统往往不是一些具体的表现形式，更多的是一种价值观，是那种心情、意境的表现，所以从这一点上来讲汉字是连贯的，并没有改变太多。两千多年前写的小篆现在也能看得懂，至少隶书看得清清楚楚，写得有没有曹全碑那么好是另外一回事，但这个生物链是没有间断的。另外，中华民族人数之多、地域之广、包括的地理范围和气象范围之广，不是一个完全偶然的现象。我们现在的考古学家，包括北大的很多老师，最早觉得黄河流域是中华文化的中心，一切东西都是从那里扩散的，这是不对的。浙江的河姆渡文化起源得比它更早，已经达到相当高的水平。还有四川巴蜀一带，三千多年前和中原是差不多的。可是这些发展程度差不多、语言不统一的人群何以能够在今天有共同的文化传统和文化认同呢？这应该不是一个纯粹的偶然。我觉得值得我们探讨一下，是不是早期中国施政的措施，以及华夏文化里面所具有的包容性，使得大家能够愿意彼此通婚。如果没有包容性就不会彼此融合了。

提问8：张教授您好，您今天讲的是文化、民族还有传统的问题，我想起一些小事，大家司空见惯，有时甚至熟视无睹，为什么在北京还有很多城市里，中国人都不遵守交通规则，还有其他很多小的方面，我们都不太注意，难道真的是所谓的国民素质低的问题吗？还是存在其他的一些原因？

张信刚：不能简单说成是国民素质低的表现。今天的表现还不够好，但不等于国民的潜在素质低。因为我们要知道，农民在田野里走路的时候是不用躲避左右边的，不用看红灯，哪里走得过去就走哪里，山上的羊肠小道是可以随意走的，这是多年来的习惯。我们的城市居民绝大多数不超过三四代，很多人过去都是农村的，因此虽然他们的交通工具变成了汽车，但他们驾驶驴车时的意识形态没有转变，所以他们见路就走，过马路也是，不是说这里有斑马线才过，总是想过就过了，但是这种情况假以时日是会进步的。我不是交通专家，也不是城市管理专家，但是在一个大城市里，既然有交通法，有警察，警察就要严肃地秉公执法，一个国家政权最基本的表现就在于警察是不是有威望。别的国家我不敢说,我所去过的美国、加拿大,警察就代表着国家权威,看到犯法的就要抓。如果都是马马虎虎差不多就算了,就会养成民众的侥幸心理。所以时间长了,人们在城市里居住得久了,出于自律就会遵守规则了。我们今天去体育场看足球赛,没有人会争前恐后地挤,因为会挤死人的;我们去电影院看电影,出来时尽管挤,但是也不会推推搡搡,因为一推搡就容易变成一个事端,谁也走不了。由于高速公路在我们中国是30年内的事情,交通灯的设计比较理性化也还是最近10年的事情,很多地方还不够理性化,但是假以时日,我绝对相信会有所不同。

提问9:我是北京大学政府管理学院MBA的学生,我知道您有很强的工科背景,是工学博士,也从事多年大学校长的管理工作,我的问题就是,新中国成立60年来,没有震惊世界的引人注目的科学成就,而且大学里面学术造假的风气愈演愈烈,我们国家上百亿元钱投在大学里面,却没有相应的科研成果出来,山寨版的东西越来越多,这里有没有更深层次的文化原因?我在管理我的科研团队的时候能不能从文化的角度调动他们的积极性?我希望听到您的一点建议。

张信刚:你的问题里面包含了好几个子问题,第一个就是说现在的大学是不是学术造假愈演愈烈,这个我没有数据,我觉得学术造假是非常坏的事情,是值得所有与大学有关的人和社会上的其他人群起而攻之的。但是在一个社会急剧变动的情况下,在旧有的价值观几乎完全消失,而新的价值观还没有完全确立的情况下,人的自私的一面或者急功近利的一面就会有所表现,是值得人们不满,但是不值得太惊讶。山寨版和学术造假其实都是急功近利的表现,我们自己要知道长远说来如果老是抄袭别人的东西,对个人来说就是害了自己的事业,害了自己的自信,让子女失去对自己的尊敬;山寨版就是妨碍了别人的创新,因为对知识产权不保护就等于不去

> 鼓励人家创新,学人家不会比人家更好,只会比人家更差,所以一定要有这个意识。大家都能够保护知识产权,才能够有人愿意投资于这项事业,如果他一旦做成,别人纷纷免费仿效,他的投资付之东流,那他以后就不会再做这样的尝试了。

提问10:刚刚您提到一个问题,为什么近代科学的发明在欧洲,您认为在于文艺复兴,对此我其实是有疑问的,因为我们国家从"五四"运动开始就破除了很多传统的旧思想,再到后来的社会主义,包括刚刚讲到的"文化大革命""破四旧",其实都是对传统的摒弃,这样我们现在才有更加开放的思想去面对这个世界。如果说科技和文化是有必然联系的话,我想知道在中国,比如我们的原子弹、我们的一些尖端科技,是不是和我们本身的文化有联系,还是科技仅仅就是科技?

张信刚:刚刚我觉得我漏答了一个问题,就是30年来我们取得的成绩和我们的文化有没有关系。我先从这个开始回答,勤劳、节俭、愿意自己付出而让家人能够过上比较好的生活,这样的人在中华文化的观念里可以说是精英中的精英。由于这个缘故,所以30年来才有这么多的人如此努力。比如乡下到城里务工的人员,他们做的是最大的牺牲,把钱寄回去给弟弟妹妹念书,让爸爸妈妈过上更好的生活。这个现象和我们的文化是不能脱离关系的。不能想象全中华民族的人都好吃懒做,都不管家人的死活,就是自己赚五分钱就喝五分钱的酒,赚一块钱就喝一块钱的酒,如果是这样,那今天的局面一定不同。

第二点你讲的科学方面,英国学者李约瑟提过这个问题,我今天没有特别提出来,但是我想表达的是,其实李约瑟的这个问题是不容易回答的,他问为什么工业革命和现代科学没有发生在中国,如果你反过来问,为什么这些发生在西欧,你就可以从西欧的历史中来找寻答案。为什么没有在中国发生,这个李约瑟问了,但是他没有对技术做严格的界定。我刚才讲了《四库全书》,脑筋好的能写书的都是想到经世济国，没有想到砖瓦木石，我觉得这是缺乏去刨根问底追求事物本质的动力，所以科学才没有发生，这是我的回答。

我刚才说到，欧洲宗教改革以后，他们认为《圣经》和理性可以兼容，人应该以理性作为行为的指引。伏尔泰这些人是理性主义者，当他们用人的理性作为行为和认知的指引的时候，他们认知的结果就包括前面提到的巴斯特发现空气中看不到的细菌等。我们的文化里面就比较大而化之，不求甚解；另外是只求实效，不问缘由。实效是有了，我们宋朝的时候船就有七八层那么高，至于海洋动力学、流体动力学就不研究，而不久之后达·芬奇在文艺复兴后就研究了空气动力学，空气动力学不能赚钱，只是满足了他个人的好奇心。因此我觉得这样一正一反两个例子就说明了科技其实是文化从属的一部分，科技的发展和文化本身的特质是绝对有关系的。我们可以借来，但是要想让我们的文化真正改变自身的脉络还是需要很长时间的。我的结论大概就是这样。